Thomas Ice und Timothy Demy

Die Wahrheit über DIE GROSSE TRÜBSAL

cmf

Thomas Ice und Timothy Demy

Die Wahrheit über DIE GROSSE TRÜBSAL

cmf

Verlag C. M. Fließ
Lütt Kollau 17, 22453 Hamburg

Originaltitel: The Truth about ... The Tribulation

Übersetzung: Claudia Gliemann
Umschlag: image design
Satz: Convertex, Aachen
Druck: Printed in Germany

1. Auflage 1997

ISBN 3-931188-11-6

Soweit nicht anders vermerkt, wurden die Bibelzitate der revidierten Elberfelder Bibelübersetzung entnommen.
Weitere verwendete Übersetzungen: (EÜ) = Einheitsübersetzung

Inhalt

Teil 2

Wozu dient die Trübsalszeit?

Teil 3

Wann wird die Trübsalszeit stattfinden?

Teil 4

Wie lange dauert die Trübsalszeit?

T e i l 5

Wer wird die Trübsalszeit erleben?

T e i l 6

Weshalb ist die Trübsalszeit von Bedeutung?

Diese Buchserie über prophetische Wahrheiten der Bibel ...

... will dem Leser in aller Kürze bestimmte Themen der biblischen Prophetie näherbringen und veranschaulichen. Zum leichteren Verständnis und zur besseren Übersicht wurden die Bücher dieser Serie im Frage-und-Antwort- Stil geschrieben. Um dem konsequenten Leser zu einem besseren Verständnis des jeweiligen Themenkomplexes zu verhelfen, bauen die Fragen gedankenmäßig aufeinander auf. Die einzelnen Bände stellen eine gründliche Ausarbeitung der entsprechenden Themen dar, erheben jedoch keinen Anspruch auf Vollständigkeit. Sie können diese Bände entweder in ihrer Gesamtheit durcharbeiten, sich jedoch auch nur mit einem einzelnen Thema beschäftigen.

Der in dieser Serie vertretene Standpunkt ist der des Prämillennialimus und des Prätribulationismus. Die Autoren sind sich bewußt, daß es innerhalb evangelikaler Kreise auch noch eine Reihe anderer Positionen gibt. Wir sind jedoch der Meinung, daß die diesen Bänden zugrunde liegende Sichtweise am häufigsten verbreitet ist und auch allgemein die größte Unterstützung erfährt. Wir sind weiterhin der Auffassung, der Prämillennialismus, und vor allem auch der Prätribulationismus, veranschaulichen Gottes prophetischen Plan, welchen er in der Bibel offenbart hat, am deutlichsten.

Die Beschäftigung mit der Prophetie und deren rätselhaften Aspekten ist ein höchst aufwendiges und kompliziertes – jedoch nicht hoffnungsloses und aussichtsloses – Unterfangen. Wir können uns täuschen, etwas falsch interpretieren und verwechseln. Die bloße Möglichkeit, daß derartiges geschehen könnte, sollte einen Christen jedoch weder von der Beschäftigung mit der Prophetie noch von ernsthaften und hilfreichen Diskussionen zu diesem Thema abhalten. Das Ziel dieser Serie ist es, all jenen, welche die Bibel gerne besser verstehen möchten, hier eine kurze, schlüssige und kontinuierliche Hilfestellung an die Hand zu geben. Wenn Sie sich dazu entschließen, sich etwas näher mit den jeweiligen Themen zu beschäftigen, werden Sie bemerken, daß Sie für Ihre Mühe auch belohnt und Ihr Wissen und Ihre Liebe zu unserem Herrn Jesus Christus und seinem Wort wachsen werden.

Einleitung

Fast jeder von uns hat schon einmal turbulente und traumatische Zeiten erlebt, in welchen enorme Unsicherheit herrschte oder wir vielleicht unsägliches Leid und große Trauer erfuhren. Solche Zeiten erleben wir oft dann, wenn wir persönliche Probleme haben, es Schwierigkeiten in unserer Familie oder vielleicht sogar in unserem Land gibt. Dann müssen wir stets all unsere emotionale Energie aufbringen, um zu einer erfolgreichen Lösung und Bewältigung dieser Probleme zu gelangen. Trauer, Kummer, Verfolgung, Schicksalsschläge, Katastrophen, Hungersnöte, Kriege und Ungewißheit sind alles äußerst reale Faktoren in unserem Leben wie auch in den Schlagzeilen der Zeitungen. Gemäß der Bibel wird es jedoch in der Zukunft eine Zeit noch größeren Leides geben, die auch als »Trübsalszeit« oder »Bedrängnis« bezeichnet wird. Diese Zeit wird nach der Entrückung der Gemeinde stattfinden und die schlimmste Leidenszeit sein, welche die Welt je erlebt hat. Hierbei wird es sich um das letzte »schreckliche und erschütternde Ereignis der Zukunft« handeln.

Die Wirtschaftsprognostiker und Spekulanten der Wall Street unterscheiden sich gewöhnlich aufgrund ihrer »Interpretation« der wirtschaftlichen Indikatoren und Trends in Optimisten und

Pessimisten (oder auch in »Bullen« und »Bären«). Und genauso wie die Wirtschaftsprognostiker wirtschaftliche Indikatoren interpretieren, so können auch Bibelausleger die prophetischen Passagen der Bibel interpretieren und dadurch einen Großteil des Planes Gottes für die Zukunft erkennen. Die Prophetie unterscheidet sich von der Wirtschaftsprognostik jedoch darin, daß hier durch Gebet und eine sorgfältige Beschäftigung mit diesem Thema ein Großteil der Spekulationen beseitigt werden können. Im Gegensatz zu den Märkten der Zukunft ist Gottes Plan klar und gewiß. Bedeutet nun der Glaube an die Entrückung, daß Christen pessimistisch sein und in Apathie verfallen müssen? Ganz sicher nicht! Wir sollen realistisch und erwartungsvoll in die Zukunft sehen. Wir sollen realistisch in bezug auf die Zukunft sein und erwartungsvoll dem Zeitpunkt entgegensehen, an welchem der Herrn Jesus Christus kommen wird, um seine Gemeinde zu sich zu nehmen. Nach dieser Entrückung wird jedoch eine große und weltweite Trübsalszeit einsetzen.

Die Bibel sagt nun über diese sieben Jahre mehr aus als über irgendeinen anderen prophetischen Zeitraum. Während dieser sieben Jahre wird der Aufstieg des Antichristen stattfinden, die Verfolgung der neuen Gläubigen und des jüdischen Volkes sowie die Schlacht von Harmagedon und die Wiederkehr Christi.

Das Neue Testament lehrt, daß es während des gegenwärtigen Gemeindezeitalters auch Leid und Bedrängnis geben wird. Jesus sagte: »In der Welt habt ihr Bedrängnis; aber seid guten Mutes, ich habe die Welt überwunden« (Johannes 16,33). Der Apostel Paulus warnte uns: »Alle aber auch, die gottesfürchtig leben wollen in Christus Jesus, werden verfolgt werden« (2. Timotheus 3,12). Die Verfolgung der Gemeinde von seiten der Welt während des gegenwärtigen Zeitalters ist jedoch nicht gleichbedeutend mit dem Zorn Gottes. Die zukünftige Trübsalszeit wird eine Zeit des Zornes Gottes über eine Welt sein, die sich Jesus Christus verschlossen hat – eine Zeit, von welcher unser Herr der Gemeinde zugesagt hat, daß sie vor dieser bewahrt werden wird (Offenbarung 3,10; 1. Thessalonicher 1,10; 5,9).

Christen können jeden Tag in der Gewißheit leben, daß die Geschichte der Menschheit mit Jesus Christus als ihrem Sieger enden wird. Die Zukunft ist gewiß. Und dennoch sagte Jesus zu seinen Jüngern, vor dem endgültigen Sieg werde »große Bedrängnis sein, wie sie von Anfang der Welt bis jetzt nicht gewesen ist und auch nie sein wird« (Matthäus 24,21). Diese Zeit wird schrecklich sein, viel Leid verursachen, Unheil und Schmerz bringen. Bei der Trübsalszeit und deren Verlauf handelt es sich jedoch um klar vorhergesehene und vorhergesagte Tatsachen. Die Bibel sagt, daß die Trübsalszeit stattfinden wird, daß sie schrecklich, aber wahr sein wird.

Teil 1

Was ist die Trübsalszeit?

1. Wo finden sich in der Bibel Aussagen über die Trübsalszeit?

Textstellen im Alten Testament

In der gesamten Bibel finden sich immer wieder viele direkte wie auch indirekte Hinweise auf die Trübsalszeit.[1] Eine der ersten und frühesten Textstellen des Alten Testamentes, die einen prophetischen Hinweis auf diese Zeit enthält, findet sich in 5. Mose 4,27-31. Hier wird sowohl die Zerstreuung der Juden vorhergesagt wie auch die Tatsache, daß der Herr sie, wenn sie ihn suchen, wieder annehmen wird:

> Und der Herr wird euch unter die Völker zerstreuen, und ihr werdet übrigbleiben, ein geringes Häuflein unter den Nationen, wohin der Herr euch führen wird. Dort werdet ihr Göttern dienen, dem Werk von Menschenhänden, aus Holz und Stein, die nicht sehen und nicht hören, nicht essen und nicht riechen können. Dann werdet ihr von dort

> aus den Herrn, deinen Gott, suchen. Und du wirst ihn finden, wenn du mit deinem ganzen Herzen und mit deiner ganzen Seele nach ihm fragen wirst. Wenn du in Not bist und wenn alle diese Dinge dich getroffen haben am Ende der Tage, wirst du zum Herrn, deinem Gott, umkehren und auf seine Stimme hören. Denn ein barmherziger Gott ist der Herr, dein Gott. Er wird dich nicht aufgeben und dich nicht vernichten und wird den Bund deiner Väter nicht vergessen, den er ihnen geschworen hat.

Noch bevor Israel das Gelobte Land betrat, hatte der Herr bereits die gesamte Geschichte des Volkes Israel vorskizziert (nachzulesen im 5. Buch Mose). Das Schicksal Israels wird beschrieben als eine Zeit der »Not« oder »Bedrängnis« »am Ende der Tage«, kurz bevor Israel »zum Herrn, deinem Gott, umkehren und auf seine Stimme hören« wird. Später im 5. Buch Mose äußert sich Mose zum Thema der Trübsalszeit und merkt an, daß sie unter anderem dazu dienen soll, die Heiden dafür zu bestrafen, daß sie die Juden so schlecht behandelt haben. Beachten Sie hierzu bitte 5. Mose 30,7:

> Und der Herr, dein Gott, wird all diese Flüche (5. Mose 28) auf deine Feinde und auf deine Hasser legen, die dir nachgejagt sind.

Jesaja führt diese Linie in Kapitel 26,20.21 fort und schreibt, das Ziel der Trübsalszeit sei unter anderem, die Erdenbewohner für ihre Sünde zu bestrafen. Die Trübsalszeit wird hier auch als »Verwünschung« bezeichnet, vor welcher sich Israel verbergen müsse:

> Geh hin, mein Volk, tritt ein in deine Zimmer und schließ deine Tür hinter dir zu! Verbirg dich einen kleinen Augenblick, bis die Verwünschung vorübergeht! Denn siehe, der Herr zieht aus seiner Stätte aus, um die Schuld der Erdenbewohner an ihnen heimzusuchen. Dann wird die Erde ihr Blut enthüllen und nicht länger ihre Erschlagenen bedecken.

Jesaja beschreibt den Zorn und das Gericht des Herrn während der Trübsalszeit in Jesaja 34,2.3.8 als ein Jahr der Vergeltungen für die Rechtssache Zions:

> Denn der Herr hat einen Zorn auf alle Nationen, und (sein) Grimm (richtet sich) auf ihr ganzes Heer. Er hat an ihnen den Bann vollstreckt, sie zur Schlachtung dahingegeben. Und ihre Erschlagenen werden hingeworfen, und der Gestank ihrer Leichen steigt auf, und die Berge zerfließen von ihrem Blut ... Denn einen Tag der Rache hat der Herr, ein Jahr der Vergeltungen für die Rechtssache Zions.

Auch in den Lehren Jeremias findet sich ein Hinweis auf die Trübsalszeit. Jeremia hatte nicht nur die babylonische Gefangenschaft der Juden vorhergesagt, sondern auch eine zukünftige Zeit des Kummers für Israel. Eine Beschreibung dieser Zeit findet sich in Jeremia 30,5-9, welche auch oft als »Zeit der Bedrängnis für Jakob« bezeichnet wird:

> Denn so spricht der Herr: Eine Stimme des Schreckens haben wir gehört. (Da ist) Furcht und kein Friede. Fragt doch nach und seht, ob ein Mann gebären kann! Warum sehe ich die Hände eines jeden Mannes auf seinen Lenden, einer Gebärenden gleich, und alle Gesichter in Blässe verwandelt? Wehe! Denn groß ist jener Tag, keiner ist wie er, und es ist eine Zeit der Bedrängnis für Jakob; doch wird er aus ihr gerettet werden. Denn an jenem Tag wird es geschehen, spricht der Herr der Heerscharen, da zerbreche ich sein Joch von deinem Hals und zerreiße ich deine Stricke, und Fremde sollen ihn nicht mehr dienstbar machen; sondern sie werden dem Herrn, ihrem Gott, dienen und ihrem König David, den ich erwecken werde.

Eine der bedeutendsten Stellen für die Beschäftigung mit der Zukunft ist Daniel 9,24-27:

Siebzig Wochen sind über dein Volk und über deine heilige Stadt bestimmt, um das Verbrechen zum Abschluß zu bringen und den Sünden ein Ende zu machen und die Schuld zu sühnen und eine ewige Gerechtigkeit einzuführen und Gesicht und Propheten zu versiegeln, und ein Allerheiligstes zu salben. So sollst du denn erkennen und verstehen: Von dem (Zeitpunkt an, als das) Wort erging, Jerusalem wiederherzustellen und zu bauen, bis zu einem Gesalbten, einem Fürsten, sind es sieben Wochen. Und 62 Wochen (lang) werden Platz und Stadtgraben wiederhergestellt und gebaut sein, und zwar in der Bedrängnis der Zeiten. Und nach den 62 Wochen wird ein Gesalbter ausgerottet werden und wird keine (Hilfe) finden. Und das Volk eines kommenden Fürsten wird die Stadt und das Heiligtum zerstören, und sein Ende ist in einer Überflutung; und bis zum Ende ist Krieg, fest beschlossene Verwüstungen. Und stark machen wird er einen Bund für die Vielen, eine Woche lang; und zur Hälfte der Woche wird er Schlachtopfer und Speisoper aufhören lassen. Und auf dem Flügel von Greueln (kommt) ein Verwüster, bis festbeschlossene Vernichtung über den Verwüster ausgegossen wird.

In diesen vier Versen gibt uns Daniel einen klaren und präzisen Rahmen für unsere Beschäftigung mit der Prophetie vor. Diese Textstelle ist von enormer Bedeutung. Wenn wir diese Verse richtig verstehen, dann verfügen wir dadurch über biblische Wegweiser. Aus dieser Passage erfahren wird, daß die Trübsalszeit einen Zeitraum von sieben Jahren einnimmt und durch den »Greuel der Verwüstung« in zwei Hälften zu je 3 1/2 Jahren unterteilt wird. Da Daniels 70 Wochen 70 Jahrwochen darstellen, würde demnach die letzte Jahrwoche (also die Trübsalszeit) eine Zeitspanne von sieben Jahren einnehmen. Bezüglich weiterer Details und Erklärungen beachten Sie bitte die Seiten 28, 29, 31.

Genauso wie Jeremia nennt auch Daniel diese zukünftige Zeit »eine Zeit der Bedrängnis«. In Daniel 12,1 wird diese Zeit jedoch nicht nur als »eine Zeit der Bedrängnis« beschrieben, sondern auch als eine Zeit, in welcher Israel »errettet werden wird«:

> Und in jener Zeit wird Michael auftreten, der große Fürst, der für die Söhne deines Volkes eintritt. Und es wird eine Zeit der Bedrängnis sein, wie sie (noch) nie gewesen ist, seitdem (irgend)eine Nation entstand bis zu jener Zeit. Und in jener Zeit wird dein Volk errettet werden, jeder, den man im Buch aufgeschrieben findet.

Das gesamte Buch Joel handelt vom »Tag des Herrn«, einem Synonym für »die Trübsalszeit«. Beachten Sie hier nun die nachfolgenden Zitate aus dem Buch Joel, welche sich auf die Trübsalszeit beziehen:

> Wehe über den Tag! Denn nahe ist der Tag des Herrn, und er kommt wie eine Verwüstung vom Allmächtigen (1,15).
>
> Blast das Horn auf Zion und erhebt das Kriegsgeschrei auf meinem heiligen Berg! Beben sollen alle Bewohner des Landes! Denn es kommt der Tag des Herrn, ja er ist nahe: ein Tag der Finsternis und der Dunkelheit, ein Tag des Gewölks und des Wetterdunkels. Wie Morgengrauen ist es ausgebreitet über die Berge, ein großes und mächtiges Volk, wie es von Ewigkeit her nie gewesen ist und nach ihm nie mehr sein wird bis in die Jahre der Generationen und Generationen (2,1+2).

Auch der Prophet Amos, ein Rinderhirte aus der judäischen Stadt Tekoa, wies in Amos 5,18-20 auf die Trübsalszeit hin:

> Wehe denen, die den Tag des Herrn herbeiwünschen! Wozu soll euch denn der Tag des Herrn sein? Er wird Finsternis sein und nicht Licht. Wie wenn jemand vor dem Löwen flieht, und es begegnet ihm der Bär,

aber er kommt (noch) nach Hause und stützt seine Hand an die Mauer, da beißt ihn die Schlange. Wird so nicht der Tag des Herrn Finsternis sein und nicht Licht? Ja, Dunkelheit und nicht Glanz ist ihm (eigen).

Obwohl das Buch Zefanja nun eines der kleinsten Bücher der Bibel darstellt, so findet sich hier doch eine der bedeutendsten Textstellen in bezug auf die Trübsalszeit. In Zefanja 1,14-18 beschreibt der Herr die Trübsalszeit durch Zefanja auf äußerst wortgewandte, anschauliche und lebhafte Art und Weise:

> Nahe ist der große Tag des Herrn; er ist nahe und eilt sehr. Horch! Der Tag des Herrn ist bitter. Da schreit (selbst) der Held.
>
> Ein Tag des Grimms ist dieser Tag, ein Tag der Not und der Bedrängnis, ein Tag des Verwüstens und der Verwüstung, ein Tag der Finsternis und der Dunkelheit, ein Tag des Gewölks und des Wolkendunkels, ein Tag des Horns und des Kampfgeschreis gegen die befestigten Städte und gegen die hohen Zinnen.
>
> Und ich werde die Menschen ängstigen, so daß sie einhergehen wie die Blinden, weil sie gegen den Herrn gesündigt haben. Ihr Blut wird verschüttet werden wie Staub und ihre Eingeweide wie Kot. Auch ihr Silber,

auch ihr Gold wird sie nicht erretten können am Tag des Grimms des Herrn; und durch das Feuer seines Eifers wird das ganze Land verzehrt werden. Denn Vernichtung, ja, Entsetzen wird er wirken bei allen Bewohnern des Landes.

Andere alttestamentarische Prophetien aus dieser Zeit finden sich auch in Joel 2,28-32 und Jesaja 2,12-22.24 (sowie an vielen anderen Stellen des Alten Testamentes).

Textstellen des Neuen Testamentes

Das Neue Testament baut nun auf dem Alten Testament auf und erweitert das Bild der Trübsalszeit. Die erste längere Passage des Neuen Testamentes, welche sich auf die Trübsalszeit bezieht, ist Matthäus 24,4-28 (Querverweise hierzu sind Markus 13; Lukas 17,22-37; und Lukas 21,5-36). Jesus erzählt seinen Jüngern hier von der Trübsalszeit. In den Versen 4-14 spricht er von der ersten Hälfte, und in den Versen 15-28 beschreibt er die zweite Hälfte der Trübsalszeit, welche mit der Wiederkehr Christi enden wird. Laut Jesus wird die Trübsalszeit lange dauern, großes Leid über die Menschen bringen und auch Naturkatastrophen beinhalten. Über die ersten 3 $^1/_2$ Jahre sagt er:

Seht zu, daß euch niemand verführe! Denn viele werden unter meinem Namen kommen und sagen: Ich bin der Christus! Und sie werden viele verführen. Ihr werdet aber von Kriegen und Kriegsgerüchten hören. Seht zu, erschreckt nicht! Denn es muß geschehen, aber es ist noch nicht das Ende. Denn es wird sich Nation gegen Nation erheben und Königreich gegen Königreich, und es werden Hungersnöte und Erdbeben da und dort sein. Alles dies aber ist der Anfang der Wehen. Dann werden sie euch in Bedrängnis überliefern und euch töten; und ihr werdet von allen Nationen gehaßt werden um meines Namens willen. Und dann werden viele verleitet werden und werden einander überliefern und einander hassen; und viele falsche Propheten werden aufstehen und werden viele verführen; und weil die Gesetzlosigkeit überhandnimmt, wird die Liebe der meisten erkalten; wer aber ausharrt bis ans Ende, der wird errettet werden. Und dieses Evangelium des Reiches wird gepredigt werden auf dem ganzen Erdkreis, allen Nationen zu einem Zeugnis, und dann wird das Ende kommen (Matthäus 24,4-14).

Jesus sagte den Jüngern, daß die zweite Hälfte der Trübsalszeit nicht besser werden würde als die erste. Tatsächlich würde die Bedrängnis und das Leid sogar so sehr ansteigen, daß sie schließlich zur Schlacht von Harmagedon und zur Wiederkehr Jesu Christi führen werde:

> Wenn ihr nun den Greuel der Verwüstung, von dem durch Daniel, den Propheten, geredet ist, an heiliger Stätte stehen seht – wer es liest, der merke auf! –, dann sollen die in Judäa auf die Berge fliehen; wer auf dem Dach ist, soll nicht hinabsteigen, um die (Sachen) aus seinem Haus zu holen; und wer auf dem Feld ist, soll nicht zurückkehren, um seinen Mantel zu holen. Wehe aber den Schwangeren und den Stillenden in jenen Tagen! Betet aber, daß eure Flucht nicht im Winter geschehe noch am Sabbat! Denn dann wird große Bedrängnis sein, wie sie von Anfang der Welt bis jetzt nicht gewesen ist und auch nie sein wird. Und wenn jene Tage nicht verkürzt würden, so würde kein Fleisch gerettet werden; aber um der Auserwählten willen werden jene Tage verkürzt werden. Wenn dann jemand zu euch sagt: Siehe, hier ist der Christus, oder dort! so glaubt es nicht! Denn es werden falsche Christusse und falsche Propheten aufstehen und werden große Zeichen und Wunder tun, um, wenn möglich, auch die Auserwählten zu verführen. Siehe, ich habe es euch vorhergesagt. Wenn sie nun zu euch sagen: Siehe, er ist in der Wüste! so

> geht nicht hinaus! Siehe, in den Kammern! so glaubt es nicht! Denn wie der Blitz ausfährt von Osten und bis nach Westen leuchtet, so wird die Ankunft des Sohnes des Menschen sein. Wo das Aas ist, da werden sich die Adler versammeln.

Die Briefe des Paulus an die Thessalonicher wurden aufgrund ihrer starken Beschäftigung mit der Prohetie auch schon als paulinische Apokalypse bezeichnet. An zwei Stellen – in 1. Thessalonicher 1,10 und 5,9 – bezieht sich Paulus auf die Trübsalszeit, wenn er von einer zukünftigen Zeit des Zorns spricht (siehe auch Römer 5,9):

> ... und seinen Sohn aus den Himmeln zu erwarten, den er aus den Toten auferweckt hat – Jesus, der uns errettet von dem kommenden Zorn.
>
> Denn Gott hat uns nicht zum Zorn bestimmt, sondern zum Erlangen des Heils durch unseren Herrn Jesus Christus.

In 2. Thessalonicher 2,1.2 schreibt Paulus seinen Lesern, daß sie nicht dem Irrtum unterliegen sollten, die Trübsalszeit (also der Tag des Herrn) habe bereits begonnen:

> Wir bitten euch aber, Brüder, wegen der Ankunft unseres Herrn Jesus Christus und unserer Vereinigung mit ihm, daß ihr euch nicht schnell in eurem Sinn erschüttern,

auch nicht erschrecken laßt, weder durch Geist noch durch Wort noch durch Brief, als (seien sie) von uns, als ob der Tag des Herrn da wäre.

In den Versen 3-13 beschreibt er weiterhin einige Ereignisse der Trübsalszeit:

Daß niemand euch auf irgendeine Weise verführe! Denn (dieser Tag kommt nicht), es sei denn, daß zuerst der Abfall gekommen und der Mensch der Gesetzlosigkeit geoffenbart worden ist, der Sohn des Verderbens; der sich widersetzt und sich überhebt über alles, was Gott heißt oder Gegenstand der Verehrung (ist), so daß er sich in den Tempel Gottes setzt und sich ausweist, daß er Gott sei. Erinnert ihr euch nicht, daß ich dies zu euch sagte, als ich noch bei euch war? Und jetzt wißt ihr, was zurückhält, damit er zu seiner Zeit geoffenbart wird. Denn schon ist das Geheimnis der Gesetzlosigkeit wirksam; nur (offenbart es sich nicht), bis der, welcher jetzt zurückhält, aus dem Weg ist; und dann wird der Gesetzlose geoffenbart werden, den der Herr Jesus beseitigen wird durch den Hauch seines Mundes und vernichten durch die Erscheinung seiner Ankunft; (ihn), dessen Ankunft gemäß der Wirksamkeit des Satans erfolgt mit jeder Machttat und mit Zeichen und Wun-

> dern der Lüge und mit jedem Betrug der Ungerechtigkeit für die, welche verloren gehen, dafür, daß sie die Liebe der Wahrheit zu ihrer Errettung nicht angenommen haben. Und deshalb sendet ihnen Gott eine wirksame Kraft des Irrwahns, daß sie der Lüge glauben, damit alle gerichtet werden, die der Wahrheit nicht geglaubt, sondern Wohlgefallen gefunden haben an der Ungerechtigkeit. Wir aber müssen Gott allezeit für euch danken, vom Herrn geliebte Brüder, daß Gott euch von Anfang an erwählt hat zur Rettung in Heiligung des Geistes und im Glauben an die Wahrheit.

Der ausführlichste Kommentar der Bibel zur Trübsalszeit findet sich in den Schriften des Johannes, insbesondere in Offenbarung 6-19. In diesen Kapiteln zeichnet Johannes ein detailliertes Bild der Trübsalszeit. Ein Beispiel für Johannes spezielle Erwähnung der Trübsalszeit findet sich auch in Offenbarung 7,14:

> Und ich sprach zu ihm: Mein Herr, du weißt es. Und er sprach zu mir: Diese sind es, die aus der großen Bedrängnis kommen, und sie haben ihre Gewänder gewaschen und sie weiß gemacht im Blut des Lammes.

Diese Kapitel der Offenbarung zeichnen ein eindrückliches Bild von der Trübsalszeit und hinterlassen beim Leser keinen Zweifel bezüglich der bevorstehenden Krise.

2. Ist die Große Trübsal dasselbe wie die Trübsalszeit?

Unserer Meinung nach unterscheidet die Bibel zwischen der Trübsalszeit oder Bedrängnis (7 Jahre) und der Großen Trübsal oder großen Bedrängnis (die letzten 3 $^1/_2$ Jahre). Der in Matthäus 24,9 verwendete Begriff »Bedrängnis« bezieht sich höchstwahrscheinlich auf die gesamten sieben Jahre der Trübsalszeit. Auf der anderen Seite spricht Matthäus 24,21 wiederum von der »großen Bedrängnis«, die mit dem Greuel der Verwüstung beginnen wird, welcher nach der ersten Hälfte der sieben Jahre stattfinden wird (Matthäus 24,15).

In Matthäus 24,15-20 sagte Jesus seinen Jüngern, daß der Antichrist nach der Hälfte der Trübsalszeit seinen Bund mit Israel brechen und daraufhin die Verfolgung zunehmen werde. »Denn dann wird große Bedrängnis sein, wie sie von Anfang der Welt bis jetzt nicht gewesen ist und auch nie sein wird« (Matthäus 24,21).

Ist die Bezeichnung »Große Trübsal« nun ein *terminus technicus*, welcher sich auf die letzten 3 $^1/_2$ Jahre der Trübsalszeit bezieht, oder handelt es sich hierbei lediglich um eine erläuternde Beschreibung dieser Jahre? Die Bibel lehrt ganz klar, daß die Trübsalszeit aus zwei Segmenten besteht, aber gibt sie diesen Segmenten auch unterschiedliche Namen? Oder anders gefragt, bezeichnet die Bibel selbst die ersten 3 1/2 Jahre als »die Trübsalszeit« oder »Bedrängnis« und die zweiten 3 1/2 Jahre als »die Große Trübsal« oder »die große Bedrängnis« oder sind die Begriffe »Trübsalszeit« und »Große Trübsal« für die gesamte Zeitspanne der sieben Jahre synonym zu verwenden?

Vertreter des prätribulationalistischen Prämillennialismus unterscheiden sich hier in ihren Ansichten darüber, wie dieser Begriff in der Bibel verwendet wird. *Keine dieser Ansichten verstößt jedoch gegen eine herrschende Lehrmeinung oder eine wichtige Interpretationslinie.* In beiden Ansichten findet sich das Grundgerüst der Trübsalszeit von sieben Jahren, welche in zwei Hälften aufgeteilt ist. Die beiden Ansichten unterscheiden sich jedoch in ihrer Bezeichnung der beiden Hälften zu je 3 1/2 Jahren. Stellt man diese Auffassungen nun in Form einer Formel dar, so sind manche der Meinung:

siebenjährige Trübsalszeit
(3 1/2 Jahre + 3 1/2 Jahre)
= Große Trübsal (3 1/2 Jahre + 3 1/2 Jahre),

und andere sind der Meinung:

siebenjährige Trübsalszeit
(3 1/2 Jahre + 3 1/2 Jahre)

= Trübsal (3 1/2 Jahre) + Große Trübsal (3 1/2 Jahre).

Doch egal, welche Meinung hier nun verfolgt wird, *so findet sich doch in beiden eine siebenjährige Trübsalszeit, welche in zwei Hälften aufgeteilt ist. Vertreter beider Ansichten sind des weiteren der Auffassung, daß sich die Ereignisse während der letzten 3 1/2* Jahre zuspitzen werden.

3. In welcher Beziehung steht »die Zeit des Zornes Gottes« zur Trübsalszeit?

Die Begriffe »Zeit des Zornes Gottes« und »Bedrängnis« scheinen sich auf ein und dieselbe Zeitspanne von sieben Jahren zu beziehen. Doch weshalb ist dies so? Da die Bibel viele verschiedene Begriffe verwendet, um eine ganze Reihe von Ereignissen des Gerichtes Gottes während der Trübsalszeit zu beschreiben und da »Bedrängnis« und »Gottes Zorn« manchmal zur Beschreibung ein und derselben Zeitspanne verwendet werden (der siebenjährigen Trübsalszeit), können wir davon ausgehen, daß die Zeit des Zornes Gottes während der Trübsalszeit stattfinden wird.

Obige Schlußfolgerung wird durch nachfolgende Bibelstellen unterstützt. Wie wir bereits gesehen haben, wird diese Zeitspanne der Endzeit in 5. Mose 4,30 als eine Zeit der Not beschrieben. In Zefanja 1,15 finden wir für diesen

Tag der »Not und Bedrängnis« (also der Trübsalszeit) auch den Begriff »Tag des Zorns« (EÜ). Die Autoren des Neuen Testaments nahmen diesen alttestamentarischen Begriff auf und verwendeten ihn als allgemeines Kennzeichen dessen, was wir als die siebenjährige Trübsalszeit kennen, da es sich hierbei um eine Zeit handelt, in welcher sich Gottes aufgestauter Zorn über die Menschheit entladen wird. Dann wird er Vergeltung an einer Welt üben, welche Christus abgelehnt hat und welche von Satan dazu angefeuert werden wird, Christen und Juden zu verfolgen (Römer 2,5; 5,9; Kolosser 3,6; Offenbarung 14,10.19; 15,1.7; 16, 1.19; 19,15). In Römer 2,5 heißt es hierzu zum Beispiel:

> Nach deiner Störrigkeit und deinem unbußfertigen Herzen aber häufst du dir selbst Zorn auf für den Tag des Zorns und der Offenbarung des gerechten Gerichtes Gottes.

Hieraus wird ersichtlich, daß das, was die Menschheit als Trübsal oder Bedrängnis erleben wird, laut der Bibel vom Zorn Gottes motiviert sein wird, welcher während des gegenwärtigen Zeitalters der Gnade immer mehr zunimmt.

Daniels siebzig Wochen

(Daniel 9,24-27)

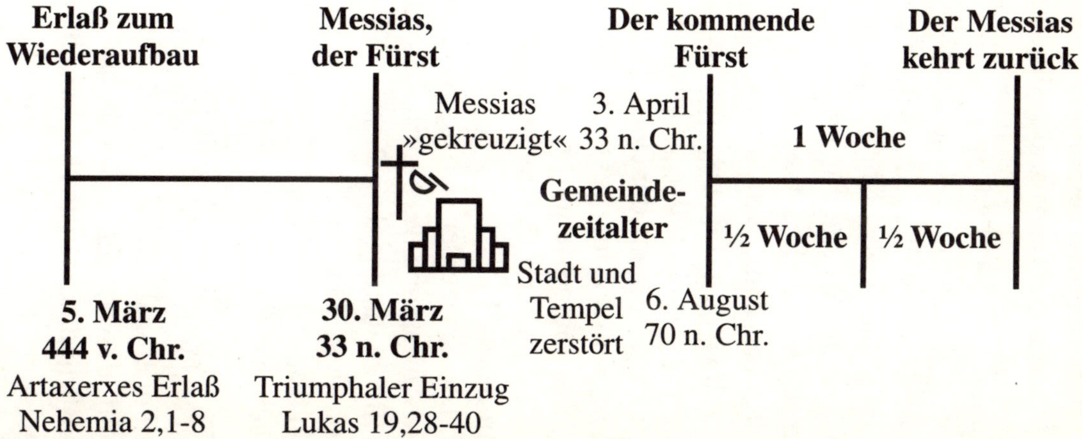

4. In welcher Beziehung stehen die siebzig Wochen Daniels zur Trübsalszeit?

Daniels 70 Wochen, welche in Daniel 9,24-27 vorhergesagt sind, bilden den Rahmen der Trübsalszeit (der siebzigsten Woche).[2]

Für die siebenjährige Zeitspanne, Daniels siebzigster Woche, finden sich eine ganze Reihe verschiedener Beschreibungen. Hierzu gehören unter anderem: Bedrängnis, große Bedrängnis, Tag des Herrn, Tag des Zorn, Tag der Bedrängnis, Tag der Not, Zeit der Bedrängnis für Jakob, Tag der Finsternis und der Dunkelheit, Zorn des Lammes, usw. Zum besseren Verständnis dieser höchst komplizierten Prophetie beachten Sie bitte die graphische Darstellung der siebzig Wochen auf Seite 31.

Die Skizze der siebzig Wochen Daniels stellt die Auffassung des prätribulationalistischen Prämillennialismus dar. Diese Auffassung geht davon aus, daß die Entrückung sowohl vor der Trübsalszeit und der Wiederkehr Jesu Christi als auch vor dem Tausendjährigen Reich, dem Millennium, stattfinden wird. Obwohl nun zwar nicht alle Evangelikalen die Auffassung der prätribulationalistischen Entrückung vertreten (und statt dessen eine midtribulationalistische oder posttribulationalistische Ansicht vorziehen), besteht eine allgemeine Übereinstimmung darüber, daß der Aufstieg des Antichristen während der

Trübsalszeit stattfinden wird. Es mag sein, daß der Antichrist bereits vor der Entrückung eine bekannte und anerkannte Person ist und eine Machtposition innehat, er wird jedoch erst während der Trübsalszeit als der Antichrist enthüllt und manifestiert werden (2. Thessalonicher 2,6.8).

Erklärung der siebzig Jahrwochen Daniels

69 x 7 x 360 = 173880 Tage
5. März 444 v.Chr. + 173880
= 30. März 33 n.Chr.

Gegenprobe und Bestätigung

444 v.Chr. bis 33 n.Chr = 476 Jahre

476 Jahre x 365,2421989 Tage
= 173855 Tage

+ Tage zwischen 5. März und 30. März
= 25 Tage

Gesamt = 173880 Tage

Gründe für 70 Wochen zu je 360 Tagen

Hälfte der Woche – Daniel 9,27

Eine Zeit und (zwei) Zeiten und eine halbe Zeit – Daniel 7,25; 12,7; Offenbarung 12,14

1260 Tage – Offenbarung 12,6; 11,3

42 Monate – Offenbarung 11,2; 13,5

1. Schlußfolgerung:
42 Monate = 1260 Tage = eine Zeit und (zwei) Zeiten und eine halbe Zeit + die Hälfte der Woche

2. Schlußfolgerung:
1 Monat = 30 Tage; 1 Jahr = 360 Tage[3]

5. In welcher Beziehung steht der »Tag des Herrn« zur Trübsalszeit?

Die Bibel verwendet den Begriff »Tag des Herrn« in bezug auf dieselbe Zeitspanne, welche auch als Trübsalszeit oder Bedrängnis bezeichnet wird. Dies zeigte sich bereits in Zefanja 1,14.15, wo beide Begriffe zur Bezeichnung verschiedener Aspekte derselben Zeitspanne verwendet wurden.

Aus der Sicht Gottes wird diese Zeitspanne der Tag des Herrn sein. Diese Zeit wird unter der direkten Herrschaft Gottes stehen. Unser Herr wird die Geschichte nicht mehr auf unsichtbare Art und Weise lenken; während dieser Zeit wird er sichtbar in die Menschheitsgeschichte eingreifen. Dieser göttliche Eingriff führt dann aus menschlicher Sicht zu einer Zeit der Bedrängnis, welche es, wenn möglich, zu überstehen gilt. Die Beziehung zwischen dem Tag des Herrn und der Trübsalszeit besteht nun also darin, daß diese beiden Begriffe verschiedene Perspektiven ein und derselben Zeitspanne beschreiben.

6. In welcher Beziehung steht »die Zeit der Bedrängnis für Jakob« zur Trübsalszeit?

Der Begriff »die Zeit der Bedrängnis für Jakob« oder auch »Notzeit für Jakob« (EÜ) entstammt der Prophetie aus Jeremia 30,5-7:

> Denn so spricht der Herr: Eine Stimme des Schreckens haben wir gehört. (Da ist) Furcht und kein Friede. Fragt doch nach und seht, ob ein Mann gebären kann! Warum sehe ich die Hände eines jeden Mannes auf seinen Lenden, einer Gebärenden gleich, und alle Gesichter in Blässe verwandelt? Wehe! Denn groß ist jener Tag, keiner ist wie er, und es ist eine Zeit der Bedrängnis für Jakob; doch wird er aus ihr gerettet werden.

Der Prophet Jeremia spricht hier von einer zukünftigen Zeit, in welcher große Not oder Bedrängnis über das ganze Volk Israel kommen wird, welches hier symbolisch als »Jakob« bezeichnet wird.

Bezieht sich diese Beschreibung nun auf die zukünftige Trübsalszeit oder auf ein Ereignis der Vergangenheit? Unserer Meinung nach stellt diese Zeit der Not ein zukünftiges Ereignis für Israel dar – eine Zeit, welche wir auch als die siebzigste Jahrwoche Daniels oder die Trübsalszeit kennen. Der Bibelausleger und Prophetieexperte Dr.

Charles H. Dyer schreibt über diese Textstelle und deren Bedeutung:

> Auf welche »Zeit der Bedrängnis« bezog sich Jeremia hier? Einige sind nun der Meinung, er habe sich auf die Niederlage Judas gegen die Babylonier oder die spätere Niederlage der Babylonier gegen die Meder und Perser bezogen. Diese beiden Ereignisse hatten jedoch keine Auswirkungen auf das Nordreich Israel. Israel befand sich zu jener Zeit (772 v.Chr.) bereits in Gefangenschaft. Eine bessere Erklärung besteht nun in der Annahme, Jeremia beziehe sich hier auf die zukünftige Trübsalszeit, in welcher der Überrest Israels und Judas eine Zeit noch nie dagewesener Verfolgung erleiden wird (Daniel 9,27; 12,1; Matthäus 24,15-22). Diese Zeit wird beendet werden, wenn Christus erscheinen wird, um seine Erwählten zu erretten (Römer 11,26) und sein Königreich zu errichten (Matthäus 24,30-31; 25,31-46; Offenbarung 19,11- 21; 20,4-6).[4]

7. In welcher Beziehung steht das Königreich Gottes zur Trübsalszeit?

Während nun im allgemeinen Einigkeit darüber besteht, daß Gott auf geistliche Art und Weise schon immer über seine Schöpfung regiert hat und dies auch weiterhin tun wird, so muß diese

»geistliche« Herrschaft in der Bibel doch vom Königreich Gottes unterschieden werden. Dr. Stanley Toussaint merkt an, das Königreich Gottes sei »sowohl ein irdisches und wortwörtliches Königreich wie auch die Erfüllung der alttestamentarischen Zusagen, Bünde und prophetischen Vorhersagen für Israel.«[5]

In anderen Worten stellt also das Königreich Gottes das zukünftige Königreich Davids dar, welches auch bekannt ist als das 1000 Jahre dauernde Millennium (Offenbarung 20,2-8).

Wir haben nun gesehen, daß die Trübsalszeit die siebenjährige Zeitspanne des Gerichts des Herrn darstellt, doch in welcher Beziehung steht diese nun zum Königreich Gottes? Die Trübsalszeit ist jene Phase des Gerichts, die den Weg für die gerechte Herrschaft Christi von Jersualem aus vorbereitet. Christus muß diese sündige Welt säubern, bevor er seine tausendjährige und gerechte Herrschaft antreten kann.

8. In welcher Beziehung stehen die »Wehen« zur Trübsalszeit?

In Matthäus 24,4-7 beschreibt Jesus seinen Jüngern einige jener Zeichen, welche den Anfang der Trübsalszeit bilden werden. In Vers 8 sagt er schließlich: »Alles dies aber ist der Anfang der Wehen.« In den folgenden Versen (24,9-28) zeichnet Jesus ein Bild der Trübsalszeit. In Jeremia 30,5-7 finden sich dieselben Bilder von Hoffnung, großen Schmerzen und Geburt. In diesen Versen spricht Gott durch den Propheten:

> Denn so spricht der Herr: Eine Stimme des Schreckens haben wir gehört. (Da ist) Furcht und kein Friede. Fragt doch nach und seht, ob ein Mann gebären kann! Warum sehe ich die Hände eines jeden Mannes auf seinen Lenden, einer Gebärenden gleich, und alle Gesichter in Blässe verwandelt? Wehe! Denn groß ist jener Tag, keiner ist wie er, und es ist eine Zeit der Bedrängnis für Jakob; doch wird er aus ihr gerettet werden.

Jeremia schrieb hier von einer Zeit nach dem Gericht, welches sein Volk bald ereilen würde. Er sprach von der Trübsalszeit. Dr. Randall Price merkt zu dieser Textstelle und deren Bildsprache an:

> Zum einen wird dieses Bild auf die Erfahrung der Trübsalszeit angewandt, weil die Anwendung dieses Bildes auf Männer oder das Volk Israel gleichbedeutend damit ist, diese auf den hilflosen Zustand einer Frau während der Geburt zu reduzieren, etwas, wovon jede Armee hoffte, daß dies ihrem Feind widerfahren würde (vgl. Jeremia 50,37). Zum anderen spiegelte sowohl die unfreiwillige und unkontrollierbare Natur der Geburtswehen wie auch die Tatsache,

> daß die Wehen immer stärker werden, bis sie schließlich in der göttlichen Geburt enden, die Vorstellung von einer Zeit des göttlichen Gerichts wider, welche unweigerlich ihren Gang nehmen wird, bis schließlich das Versprechen neuen Lebens erfüllt werden kann.[6]

Als Jesus in Matthäus 24,8 das Bild der Wehen aufgriff, handelte es sich ganz klar auch um jenes Bild, welches Jeremia und die anderen Propheten des Alten Testamentes gebraucht hatten. Er sagt hier, daß die Trübsalszeit mit den enormen Schmerzen einer Frau bei der Geburt zu vergleichen sind. Die Schmerzen werden enorm sein, aber sie werden auch ein Ende haben, und dieses Ende wird auch gleichzeitig der Beginn einer neuen Ära sein. Beachten Sie hierzu bitte auch die Ausführungen von Dr. Price:

> Wie bereits von Jesus in seiner Rede auf dem Ölberg enthüllt, sind die Geburtswehen wichtig für die zeitliche Bestimmung der Trübsalszeit. Jesu Erwähnung der »Wehen« sind ein eindeutiger Hinweis darauf, daß die Ereignisse der ersten Hälfte der Trübsalszeit (Verse 4-7) nur der »Anfang« sein werden und in der zweiten Hälfte (der »Großen Trübsal« oder »großen Bedrängnis«) mit noch stärkeren Wehen zu rechnen ist. Auf dieser Analogie basierend kann

auch die gesamte Zeitspanne der siebzigsten Jahrwoche mit Geburtswehen verglichen werden. Wie nun eine Frau vor der tatsächlichen Geburt des Kindes die gesamte Wehenphase ertragen muß, so muß auch Israel die gesamte siebenjährige Trübsalszeit ertragen. Auch die verschiedenen Zeitabschnitte der Trübsalszeit werden durch dieses Bild verdeutlicht, denn genauso wie sich der natürliche Prozeß der Wehen zur Geburt hin intensiviert, so bewegt sich die Trübsalszeit progressiv auf die Wiederkehr des Herrn zu (Verse 30-31), welche »unmittelbar nach« Beendigung der Trübsalszeit stattfinden wird (Vers 29). Und genauso wie es nun zwei Phasen von Geburtswehen gibt (die schwächeren Eröffnungswehen und die stärkeren Austreibungswehen), ist auch die siebenjährige Trübsalszeit in die schwächeren und stärkeren Erfahrungen des irdischen und kosmischen Zornes unterteilt. Dies zeigt sich ganz deutlich in Jesu Rede auf dem Ölberg wie auch in der Beschreibung des Gerichts in Offenbarung 6-19.[7]

9. In welcher Beziehung steht der Heilige Geist zur Trübsalszeit?

Wenn die Gläubigen unmittelbar vor der Trübsalszeit entrückt werden (1. Thessalonicher

4,16.17), dann wird somit auch die ihnen innewohnende Gegenwart des Heiligen Geistes von der Erde entfernt werden. Dies wird auch deutlich in 2. Thessalonicher 2,6-8. Paulus schreibt hier, der »Mensch der Gesetzlosigkeit« (der Antichrist) könne mit seinem Programm beginnen, sobald der Heilige Geist als jener, welcher zurückhält, von der Erde entfernt ist:

> Und jetzt wißt ihr, was zurückhält, damit er zu seiner Zeit geoffenbart wird. Denn schon ist das Geheimnis der Gesetzlosigkeit wirksam; nur (offenbart es sich nicht), bis der, welcher jetzt zurückhält, aus dem Weg ist; und dann wird der Gesetzlose geoffenbart werden, den der Herr Jesus beseitigen wird durch den Hauch seines Mundes und vernichten durch die Erscheinung seiner Ankunft.

Daß der Heilige Geist, welcher der Gemeinde innewohnt, derjenige ist, welcher zurückhält, erfährt durch die Tatsache Unterstützung, daß es Gott selbst (in diesem Fall der dritten Person der Dreieinigkeit) bedürfte, um den Antichristen zurückzuhalten. Dr. Robert Thomas erklärt hierzu:

> Für jemanden, der mit Jesu Rede zu den elf Aposteln im oberen Saal vertraut war, was Paulus zweifellos war, erinnert der Wechsel zwischen Neutrum und Maskulinium daran, wie vom Heiligen Geist gesprochen

wird. Der Sprecher (oder Schreiber) kann sich hier für eines der beiden Geschlechter entscheiden, je nachdem, ob ihm an einer natürlichen Übereinstimmung (Maskulinum aufgrund der Persönlichkeit des Geistes) oder an einer grammatikalischen Übereinstimmung gelegen ist (Neutrum aufgrund des Substantivs *pneuma;* siehe Johannes 14,26; 15,26; 16,13.14) ... Diese Identifizierung dessen, der zurückhält, mit tiefen Wurzeln in der Kirchengeschichte ... ist höchst ansprechend. Die besondere Gegenwart des Geistes, welcher den Heiligen innewohnt, wird bei der *Entrückung* abrupt zu Ende gehen, wie sie auch abrupt an Pfingsten begonnen hatte. Sobald der Leib Christi in den Himmel entrückt worden ist, wird der Geist wieder das tun, was er für die Gläubigen zur Zeit des Alten Testamentes getan hat ... Seine Aufgabe, das Böse durch den Leib Christi zurückzuhalten (Johannes 16,7-11; 1. Johannes 4,4) wird ähnlich zu Ende gehen wie damals, als er seine Bemühungen in den Tagen des Noah beendete (1. Mose 6,3). Dann wird der Gesetzlose von seinen Fesseln befreit werden, und die satanisch inspirierte Rebellion wird beginnen. Es scheint, daß *to katechon* (»was zurückhält«) in Thessalonich eine gängige Bezeichnung für den Heiligen Geist war

> und die Leser gelernt hatten, in ihren persönlichen Versuchen im Kampf gegen die Gesetzlosigkeit auf ihn zu vertrauen (1. Thessalonicher 1,6; 4,8; 5,19; 2. Thessalonicher 2,13).[8]

Diese Verse lehren jedoch nicht, daß der Heilige Geist während der Trübsalszeit nicht mehr auf der Erde wirken wird. Der Heilige Geist wird weiterhin seinen Dienst versehen, aber es wird ein vollkommen anderer Dienst sein, als jener, welchen heutige Christen erleben. Dr. Ryrie merkt an: »Genauso wie der allgegenwärtige Geist für die Menschen zur Zeit des Alten Testamentes gewirkt hat, so wird er auch nach der Entrückung weiterhin wirken, auch wenn sein Werk am Bau des Leibes Christi vollendet sein wird.«[9]

Wie wird nun dieser Dienst des Heiligen Geistes aussehen, und wer werden die Empfänger dieses Dienstes sein? In bezug auf die Ungläubigen wird der Geist weiterhin daran arbeiten, sie zum Sündenbekenntnis zu bewegen und ihnen das Heil zu bringen. Es wird viele Männer und Frauen, Juden und Heiden geben, welche während der Trübsalszeit Christen werden, und der Heilige Geist wird aktiv an deren Errettung beteiligt sein (Sacharja 12,10; 13,1; Römer 11,25.26; Offenbarung 7,9-17). Zu Beginn der Trübsalszeit wird Gott 144000 jüdische Zeugen versiegeln. Dieses Versiegeln erfordert jedoch deren Errettung und somit auch das Wirken des Geistes (Offenbarung 7,3.4; 14,4).

Gemäß Apostelgeschichte 2,16-21, einer Textstelle, in welcher Joel 2,28-32 zitiert und die teilweise an Pfingsten erfüllt wurde, wird »jeder, der den Namen des Herrn anrufen wird, errettet werden«. Eine solch prophetische Zusage muß das Wirken und den Dienst des Heiligen Geistes beinhalten. Dr. Walvoord sagt von diesem Wirken:

> Angesichts der natürlichen Blindheit des menschlichen Herzens und der Unfähigkeit des Menschen, das Evangelium ohne das überzeugende Wirken des Heiligen Geistes ausreichend zu verstehen und daraufhin zum Glauben an Jesus Christus zu gelangen (Johannes 16,7-11), muß angenommen werden, daß der Heilige Geist auch weiterhin den Verlorenen den Weg des Heils aufzeigen wird. Dieser Dienst des Heiligen Geistes ist vor allem in der geistlichen Dunkelheit vonnöten, welche die Trübsalszeit charakterisieren wird. Wir können davon ausgehen, daß viele, vor allem unter dem Volk Israel, erkennen werden, daß Christus wirklich der Erretter und Messias ist.[10]

Der Heilige Geist wird jedoch nicht nur an den Ungläubigen wirken, sondern auch im Leben jener Menschen, die sich zu Christus bekehren.

Während es nun zwar nur wenige Verse gibt, aus welchen sich das gesamte Ausmaß des Wirkens des Geistes ergibt, so ist es doch ganz klar, daß es den Dienst an den Gläubigen geben wird. Das Evangelium wird auf der ganzen Welt verkündigt werden (Matthäus 24,14), und viele Gläubige werden für ihren Glauben den Märtyrertod sterben. Walvoord merkt hier an: »Der geistliche Sieg, welchen die Märtyrer des Glaubens während der Trübsalszeit erringen werden, könnte kaum erreicht werden, wenn diese nicht die Kraft des Heiligen Geistes empfingen. Die allgemeinen Phänomene der Trübsalszeit machen jegliche Art geistlicher Errungenschaften ohne die Kraft Gottes undenkbar.«[11]

Der Dienst an den Gläubigen wird wahrscheinlich ähnlich sein wie jener, den einige Heilige des Alten Testamentes erlebten. Da der Geist weggenommen werden wird (2. Thessalonicher 2,7), scheint die Möglichkeit eines allen Gläubigen innewohnenden Geistes unwahrscheinlich. Statt dessen wird es ein selektives Innewohnen und eine selektive Ermächtigung zur Evangelisation geben. Walvoord merkt hier an:

> Auch die Trübsalszeit scheint in mancherlei Beziehung zu den Bedingungen des Alten Testamentes zurückzukehren; und zur Zeit des Alten Testamentes waren die Heiligen, bis auf einige Ausnahmesituationen, nicht

permanent vom Heiligen Geist erfüllt. Es findet sich jedoch eine Reihe von Beispielen, in welchen der Heilige Geist einen Menschen erfüllt und diesem die Kraft zu seinem Dienst gegeben hat. Nach Berücksichtigung all dieser Faktoren gibt es nun keinen Beweis mehr dafür, daß der Heilige Geist den Gläubigen während der Trübsalszeit ständig innewohnen wird.[12]

Teil 2

Wozu dient die Trübsalszeit?

10. Weshalb bedarf es der Trübsalszeit?

Gott möchte, daß die Trübsalszeit in erster Linie eine Zeit des Gerichts ist, in welcher jedoch die Gnade des Evangeliums weiterhin existiert. Diese Zeit wird Christi glorreicher tausendjähriger Herrschaft in Jerusalem vom Thron Davids herab vorangehen.

Dr. Arnold Fruchtenbaum unterteilt Gottes Ziel der Trübsalszeit in drei Aspekte.[13]

- *Um sowohl dem Bösen als auch den Bösen ein Ende zu bereiten.* Jesaja 13,9 – »Siehe, der Tag des Herrn kommt, grausam mit

Grimm und Zornglut, um die Erde zur Wüste zu machen; und ihre Sünder wird er von ihr austilgen.«

Jesaja 24,19-20 – »Berstend zerbirst die Erde, brechend zerbricht die Erde, wankend wankt die Erde, taumelnd taumelt die Erde wie ein Betrunkener und schwankt hin und her wie eine Nachthütte. Und schwer lastet auf ihr ihr (Treu)bruch: sie fällt und steht nicht wieder auf.«

Das erste Ziel der Trübsalszeit wird als ein Gericht über die gesamte Welt dargestellt, welche gegen Gott gesündigt hat. Dieses Gericht ähnelt der Sintflut zur Zeit Noahs (Matthäus 24,37-39).

- *Um eine weltweite Erneuerung ins Leben zu rufen.* Dieses Ziel wird in Offenbarung 7,1-17 sowohl genannt als auch erfüllt: Während der ersten Hälfte der Trübsalszeit wird Gott mit Hilfe der 144000 Juden die Welt evangelisieren und somit die Prophetie aus Matthäus 24,14 erfüllen.[14]

  Matthäus 24,14 – »Und dieses Evangelium des Reiches wird gepredigt werden auf dem ganzen Erdkreis, allen Nationen zu einem Zeugnis, und dann wird das Ende kommen.«

- *Um die Macht des heiligen Volkes – Israels – zu brechen.*

Letztendlich wird die Bedrängnis eine Zeit sein, in welcher Gott Israel durch die Mächte des Bösen auf seine Bekehrung und die Anerkennung Jesu als seinen Messias vorbereitet, was schließlich zur Wiederkehr Jesu Christi führen wird. Fruchtenbaum schreibt hierzu:

In Daniel 11 und 12 erhielt der Prophet eine Vision dessen, wie es seinem Volk (Israel) während der Trübsalszeit ergehen würde. In Daniel 12,5-7 wird daraufhin die Frage aufgeworfen, wie lange diese Zeitspanne dauern würde.

Daniel 12,5-7 – »Und ich, Daniel, sah: Und siehe, zwei andere standen da, einer hier am Ufer des Stromes und einer dort am Ufer des Stromes. Und einer sagte zu dem in Leinen gekleideten Mann, der oben über dem Wasser des Stromes war: Wann ist das Ende dieser außergewöhnlichen Ereignisse? Und ich hörte den in Leinen gekleideten Mann, der oben über dem Wasser des Stromes war, und er erhob seine Rechte und seine Linke zum Himmel und schwor bei dem, der ewig lebt: Zeit, Zeiten und eine halbe (Zeit)! Und wenn die Zerschlagung der Kraft des heiligen Volkes abgeschlossen sein wird, wird alles dies vollendet werden.«

Diese Textstelle zeigt nun ein drittes Ziel der Trübsalszeit auf, welches darin besteht, die Macht oder den Stursinn des jüdischen Volkes zu brechen. Erst wenn dies geschehen ist, wird der Trübsalszeit ein Ende gesetzt werden. Hiervon können wir nun das dritte Ziel der Trübsalszeit ableiten: Gott will die Macht des heiligen Volkes brechen, damit dieses eine nationale Erneuerung erfahren kann.[15]

11. Welche größeren Ereignisse werden während der Trübsalszeit stattfinden, und wer sind die Schlüsselfiguren der Trübsalszeit?

Die siebenjährige Trübsalszeit ist in zwei Hälften zu je 3 $^1/_2$ Jahren unterteilt. Nachfolgend werden wir uns nun die größeren Ereignisse während dieser beiden Hälften und in deren Mitte betrachten. Manche dieser Ereignisse können in ihrer richtigen Reihenfolge darstellt werden, während wieder andere nur schwer einzuordnen sind. Die Skizze auf Seite 51 sollte hier einen hilfreichen Überblick bieten.

Ereignisse der ersten Hälfte der Trübsalszeit

1. *Die Gerichte der Siegel* – Offenbarung 6 umreißt die Gerichte der sieben Siegel (das siebte Siegel enthält die Gerichte der Posaunen), welche die Trübsalszeit einleiten werden.[16] Die ersten

vier Siegel werden auch als die vier Reiter der Apokalypse bezeichnet. Diese Gerichte stellen den Anfang des Zornes Gottes dar, welcher sich gegen die Erde richtet.

2. *Der Aufstieg des Antichristen und das Bündnis der 10 Nationen* – Da der Beginn der Trübsalszeit durch die Unterzeichnung eines Bundes zwischen Israel und dem Antichristen gekennzeichnet sein wird (Daniel 9,26.27), scheint es logisch, daß er die Bühne während der ersten Hälfte der Trübsalszeit betreten wird. Er wird das Haupt eines Bündnisses von 10 Nationen sein (Daniel 2,42.44; 7,7.24; Offenbarung 12,3; 13,1; 17,12.16), welches während der Trübsalszeit über die Welt herrschen wird.

3. *Der Dienst Elias* – In Maleachi 3,23.24 lesen wir:

> Siehe, ich sende euch den Propheten Elia, bevor der Tag des Herrn kommt, der große und furchtbare. Und er wird das Herz der Väter zu den Söhnen und das Herz der Söhne zu ihren Vätern umkehren lassen, damit ich nicht komme und das Land mit dem Bann schlage.

Der Dienst Elias, welcher durch den Dienst der beiden Zeugen erfüllt werden könnte, wird darin bestehen, das Volk zur Umkehr zu bewegen. Da dies nun geschehen wird, »bevor der Tag des Herrn kommt, der große und furchtbare«, wird

Die Gerichte der Siegel, Posaunen und Schalen

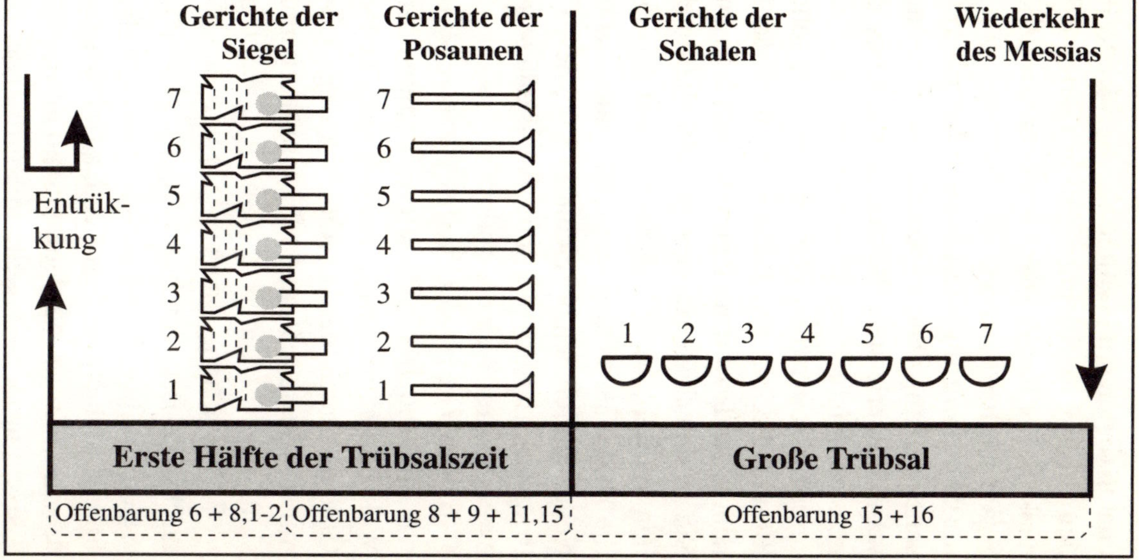

dies in der ersten Hälfte der Trübsalszeit stattfinden.

4. *Die Erneuerung durch die 144000 jüdischen Evangelisten* – Offenbarung 7 beschreibt die Berufung und den Dienst der 144000 jüdischen Evangelisten, welche das Evangelium während der ersten Hälfte der Trübsalszeit predigen werden.

5. *Die Gerichte der Posaunen* – Offenbarung 8 und 9 berichtet von den Gerichten der Posaunen. Genauso wie nun auch bei den Gerichten der Siegel das siebte Siegel die Gerichte der Posaunen enthielt, so enthält auch die siebte Posaune die letzte Gerichtsserie, welche auch als die Gerichte der Schalen bezeichnet wird. Diese Gerichte konzentrieren sich auf die Natur und beinhalten zwei der drei Wehe-Urteile.

6. *Der Dienst der beiden Zeugen* – Genauso wie sich die 144000 um die Evangelisation der Welt bemühen, werden die beiden Zeugen von Gott versiegelt werden (Offenbarung 11,3-6), damit sie spezielle Zeugen für Jerusalem und Israel sind.

7. *Die falsche Kirche* – Sie wird auch als das kirchliche Babylon bezeichnet und während der ersten Hälfte der Trübsalszeit (Offenbarung 17,1-6) große Macht und großen Einfluß besitzen. Die falsche Kirche wird dem Antichristen bei der Täuschung der Menschen behilflich sein.

Ereignisse in der Mitte der Trübsalszeit

1. *Die kleine Buchrolle* – Der Apostel Johannes wird in Offenbarung 10,9-11 von dem Engel dazu aufgefordert, das kleine Büchlein (die Buchrolle) aufzuessen:

> Und ich ging zu dem Engel und sagte ihm, er möge mir das Büchlein geben. Und er spricht zu mir: Nimm es und iß es auf! Und es wird deinen Bauch bitter machen, aber in deinem Mund wird es süß sein wie Honig. Und ich nahm das Büchlein aus der Hand des Engels und aß es auf; und es war in meinem Mund wie Honig, und als ich es gegessen hatte, wurde mein Bauch bitter gemacht. Und sie sagen mir: Du mußt wieder weissagen über Völker und Nationen und Sprachen und viele Könige.

Diese Buchrolle beinhaltet Prophetien, die sich auf die Mitte und die zweite Hälfte der Trübsalszeit beziehen.

Biblische Prophetie wird von vielen als gut (süß) betrachtet, aber die Botschaft des Urteils (bitter) ist schwer zu ertragen.

2. *Der Antichrist wird getötet* – Offenbarung 13,3 führt an, daß der siebte Kopf (ein Hinweis auf den Antichristen) getötet wird. Wie wir jedoch noch sehen werden, wird der Antichrist erneut die Bühne der Trübsalszeit betreten.

> Und (ich sah) einen seiner Köpfe wie zum Tod geschlachtet. Und seine Todeswunde wurde geheilt, und die ganze Erde staunte hinter dem Tier her.

3. *Satan wird vom Himmel auf die Erde vertrieben* – Offenbarung 12,7-9 beschreibt, daß Satan von den himmlischen Heerscharen vom Himmel auf die Erde vertrieben wird. Dies bildet die Basis für eine Zuspitzung der Ereignisse auf der Erde während der zweiten Hälfte der Trübsalszeit:

> Und es entstand ein Kampf im Himmel: Michael und seine Engel kämpften mit dem Drachen. Und der Drache kämpfte und seine Engel; und sie bekamen nicht die Übermacht, und ihre Stätte wurde nicht mehr im Himmel gefunden. Und es wurde geworfen der große Drache, die alte Schlange, der Teufel und Satan genannt wird, der den ganzen Erdkreis verführt, geworfen wurde er auf die Erde, und seine Engel wurden mit ihm geworfen.

4. *Die Auferstehung des Antichristen* – Eine der ersten Taten Satans nach dessen Verbannung aus dem Himmel wird darin bestehen, den Antichristen wieder zum Leben zu erwecken. Offenbarung 13,3.4 beschreibt den Versuch des Antichristen, Jesus, den Messias, nachzuahmen:

> Und (ich sah) einen seiner Köpfe wie zum Tod geschlachtet. Und seine Todeswunde wurde geheilt, und die ganze Erde staunte hinter dem Tier her. Und sie beteten den Drachen an, weil er dem Tier die Macht gab, und sie beteten das Tier an und sagten: Wer ist dem Tier gleich? Und wer kann mit ihm kämpfen?

5. *Drei Könige werden getötet, und sieben unterstellen sich freiwillig* – Nach seinem Tod und seiner Auferstehung festigt der Antichrist seine weltweite Herrschaft dadurch, daß er drei der zehn Könige tötet, was dazu führt, daß sich ihm die anderen sieben freiwillig unterstellen. Dieses Ereignis liefert die politische Basis, von welcher aus der Antichrist während der letzten Hälfte der Trübsalszeit seine Macht ausüben wird:

> Und die zehn Hörner (bedeuten), aus diesem Königreich werden sich zehn Könige erheben. Und ein anderer wird sich nach ihnen erheben, und dieser wird verschieden sein von den vorigen, und er wird drei Könige erniedrigen (Daniel 7,24).

> Und die zehn Hörner, die du gesehen hast, sind zehn Könige, die noch kein Königreich empfangen haben, aber mit dem Tier eine Stunde Macht wie Könige empfangen. Diese haben einen Sinn und geben ihre Kraft

und Macht dem Tier (Offenbarung 17,12.13).

6. *Zerstörung der falschen Kirche* – In der Geschichte gibt es viele Beispiele dafür, daß sich ein Tyrann, sobald er sein Ziel totaler politischer Kontrolle erreicht hat, jener Menschen entledigt, welche ihm beim Erreichen dieses Zieles behilflich gewesen waren. Genauso entledigt sich nun auch der Antichrist der Hure, des kirchlichen Babylons, wie in Offenbarung 17,16 beschrieben:

> Und die zehn Hörner, die du gesehen hast, und das Tier, diese werden die Hure hassen und werden sie verwüsten und nackt machen und werden ihr Fleisch fressen und sie mit Feuer verbrennen.

7. *Tod und Auferstehung der beiden Zeugen* – Gott läßt zu, daß der Antichrist die Menschen eine gewisse Zeit lang täuschen kann und schließlich sogar die beiden Zeugen getötet werden. Während der ersten Hälfte der Trübsalszeit waren die beiden Zeugen von Gott auf wundersame Art und Weise beschützt worden. Gott erlaubt dem Antichristen nun, die Menschen so sehr zu täuschen, daß die ganze Welt Beifall klatscht, als er die beiden Zeugen in Jerusalem umbringt. Nach dreieinhalb Tagen werden die beiden Zeugen jedoch auferweckt und vor den Augen aller in den Him-

mel emporgehoben werden. Furcht ergreift nun jene, welche hinter dem Tier hergestaunt hatten:

> Und wenn sie ihr Zeugnis vollendet haben werden, wird das Tier, das aus dem Abgrund heraufsteigt, Krieg mit ihnen führen und wird sie überwinden und sie töten. Und ihr Leichnam (wird) auf der Straße der großen Stadt (liegen), die, geistlich gesprochen, Sodom und Ägypten heißt, wo auch ihr Herr gekreuzigt wurde. Und (viele) aus den Völkern und Stämmen und Sprachen und Nationen sehen ihren Leichnam drei Tage und einen halben und erlauben nicht, ihre Leichname ins Grab zu legen. Und die auf der Erde wohnen, freuen sich über sie und frohlocken und werden einander Geschenke senden, denn diese zwei Propheten quälten die auf der Erde Wohnenden. Und nach den drei Tagen und einem halben kam der Geist des Lebens aus Gott in sie, und sie stellten sich auf ihre Füße; und große Furcht befiel die, welche sie schauten. Und sie hörten eine laute Stimme aus dem Himmel zu ihnen sagen: Steigt hier herauf! Und sie stiegen in den Himmel hinauf in der Wolke, und es schauten sie ihre Feinde. Und in jener Stunde geschah ein großes Erdbeben, und der zehnte Teil der Stadt fiel, und siebentausend Menschennamen wurden in

dem Erdbeben getötet; und die übrigen gerieten in Furcht und gaben dem Gott des Himmels Ehre (Offenbarung 11,7-13).

8. *Die Anbetung des Antichristen* – Da die »Erdenbewohner« die Fälschung dem Original vorziehen, werden sie sich täuschen lassen und den Antichristen als Gott anbeten. In Wirklichkeit werden sie jedoch Satan anbeten. Kein Wunder, daß die Bibel an vielen Stellen vor geistlicher Täuschung warnt!

> Und (ich sah) einen seiner Köpfe wie zum Tod geschlachtet. Und seine Todeswunde wurde geheilt, und die ganze Erde staunte hinter dem Tier her. Und sie beteten den Drachen an, weil er dem Tier die Macht gab, und sie beteten das Tier an und sagten: Wer ist dem Tier gleich? Und wer kann mit ihm kämpfen? (Offenbarung 13,3.4).

> Und alle, die auf der Erde wohnen, werden ihn anbeten, (jeder), dessen Name nicht geschrieben ist im Buch des Lebens des geschlachteten Lammes von Grundlegung der Welt an (Offenbarung 13,8).

9. *Der falsche Prophet* – Diese Person stellt eine Kopie des Dienstes des Heiligen Geistes dar, da sie für eine gewisse Zeit die Fähigkeit besitzt, falsche Zeichen und Wunder zu vollbringen. Diese Zeichen und Wunder werden dem Antichristen

bei seinem Aufstieg zur Macht sehr behilflich sein. Falsche Religion wird die Basis sein, auf welcher das zweite Tier – der falsche Prophet – die Menschen täuschen wird:

> Und ich sah ein anderes Tier aus der Erde aufsteigen: und es hatte zwei Hörner, gleich einem Lamm, und es redete wie ein Drache. Und die ganze Macht des ersten Tieres übt es vor ihm aus, und es veranlaßt die Erde und die auf ihr wohnen, daß sie das erste Tier anbeten, dessen Todeswunde geheilt wurde. Und es tut große Zeichen, daß es selbst Feuer vom Himmel vor den Menschen auf die Erde herabkommen läßt; und es verführt die, welche auf der Erde wohnen, wegen der Zeichen, die vor dem Tier zu tun ihm gegeben wurde, und es sagt denen, die auf der Erde wohnen, dem Tier, das die Wunde des Schwertes hat und (wieder) lebendig geworden ist, ein Bild zu machen. Und es wurde ihm gegeben, dem Bild des Tieres Odem zu geben, so daß das Bild des Tieres sogar redete und bewirkte, daß alle getötet wurden, die das Bild des Tieres nicht anbeteten (Offenbarung 13,11-15).

10. *666 – Das Zeichen des Tieres* – Ein weiterer »Dienst« des falschen Propheten wird darin bestehen, das gefälschte Siegel des Heiligen Gei-

stes zu verwalten: das berühmte Zeichen des Tieres, die Zahl 666. Nur wer dieses Zeichen auf der Stirn und der rechten Hand trägt, wird während der zweiten Hälfte der Trübsalszeit wirtschaftliche Transaktionen durchführen können. Doch niemand, der dieses Zeichen trägt, kann gerettet werden. Dieses Zeichen wird nicht während der ersten Hälfte der Trübsalszeit verteilt werden, sondern nur während der letzten Hälfte. Da die Bedeutung der Zahl 666 ein Geheimnis ist, sollte man bis zu jener Zeit auch keine Spekulationen darüber anstellen. Es ist eindeutig, daß die Gläubigen während der Trübsalszeit die Bedeutung dieses Zeichens kennen werden:

> Und es bringt alle dahin, die Kleinen und die Großen, und die Reichen und die Armen, und die Freien und die Sklaven, daß man ihnen ein Malzeichen an ihre rechte Hand oder an ihre Stirn gibt; und daß niemand kaufen oder verkaufen kann, als nur der, welcher das Malzeichen hat, den Namen des Tieres oder die Zahl seines Namens. Hier ist die Weisheit. Wer Verständnis hat, berechne die Zahl des Tieres! Denn es ist eines Menschen Zahl; und seine Zahl ist 666 (Offenbarung 13,16-18).

11. *Der siebenjährige Bund wird gebrochen* – Es wird uns nicht allzusehr überraschen, daß der Antichrist seinen Bund mit Israel wieder brechen

wird. Ein derartiges Verhalten paßt zu seinem Wesen. Zu diesem Vertragsbruch gehört schließlich auch der militärische Einmarsch des Antichristen in Israel:

> Und er wird in das Land der Zierde eindringen, wobei vieles stürzen wird. Diese aber werden seiner Hand entrinnen: Edom und Moab und die Besten der Söhne Ammon (Daniel 11,41).

> Und euer Bund mit dem Tod wird aufgehoben werden, und euer Vertrag mit dem Scheol wird nicht bestehen bleiben. Wenn die einherflutende Geißel hindurchfährt, dann werdet ihr von ihr zertreten werden (Jesaja 28,18).

12. *Der Greuel der Verwüstung* – Der Antichrist wird nicht nur seinen Bund mit Israel brechen, sondern er wird sich auch in der Mitte der Trübsalszeit im wiedererbauten jüdischen Tempel als Gott verehren lassen. Diese Schändung des dritten Tempels wird auch als »der Greuel der Verwüstung« bezeichnet. Dies wird für die Juden ein Zeichen sein, aus Jerusalem zu fliehen:

> Und stark machen wird er einen Bund für die Vielen, eine Woche lang; und zur Hälfte der Woche wird er Schlachtopfer und Speisopfer aufhören lassen. Und auf dem Flügel von Greueln (kommt) ein Verwüster, bis

festbeschlossene Vernichtung über den Verwüster ausgegossen wird (Daniel 9,27).

Wenn ihr nun den Greuel der Verwüstung, von dem durch Daniel, den Propheten, geredet ist, an heiliger Stätte stehen seht – wer es liest, der merke auf! –, dann sollen die in Judäa auf die Berge fliehen (Matthäus 24,15.16).

... der sich widersetzt und sich überhebt über alles, was Gott heißt oder Gegenstand der Verehrung (ist), so daß er sich in den Tempel Gottes setzt und sich ausweist, daß er Gott sei (2.Thessalonicher 2,4).

13. *Die Verfolgung der Juden* – Die zweite Hälfte der Trübsalszeit wird von den angestrengten Bemühungen Satans geprägt sein, die Juden vom Gesicht der Erde auszurotten. Höchstwahrscheinlich denkt Satan, durch die Ausrottung der Juden könne er Gottes Plan für die Geschichte durchkreuzen. Vielleicht glaubt er, daß dies die Wiederkehr Christi verhindern könnte. Diese Verfolgung wird in Offenbarung 12,1-6 beschrieben. Im Bild der Geburt stellt die Frau Israel und ihr Sohn Jesus Christus dar:

Und ein großes Zeichen erschien im Himmel: Eine Frau, bekleidet mit der Sonne, und der Mond (war) unter ihren Füßen und auf ihrem Haupt ein Kranz von zwölf Sternen. Und sie ist schwanger und schreit in Geburtswehen und in Schmerzen (und soll) gebären.

Und es erschien ein anderes Zeichen im Himmel: und siehe, ein großer, feuerroter Drache, der sieben Köpfe und zehn Hörner und auf seinen Köpfen sieben Diademe hatte; und sein Schwanz zieht den dritten Teil der Sterne des Himmels fort; und er warf sie auf die Erde. Und der Drache stand vor der Frau, die im Begriff war, zu gebären, um, wenn sie geboren hätte, ihr Kind zu verschlingen. Und sie gebar einen Sohn, ein männliches Kind, der alle Nationen weiden soll mit eisernem Stab, und ihr Kind wurde entrückt zu Gott und zu seinem Thron. Und die Frau floh in die Wüste, wo sie eine von Gott bereitete Stätte hat, damit man sie dort ernähre 1260 Tage.

Ereignisse der zweiten Hälfte der Trübsalszeit

1. *Die Gerichte der Schalen* – Die Gerichte der Schalen stellen die schwerste Gerichtsserie der gesamten Trübsalszeit dar. Sie finden in der zweiten Hälfte der Trübsalszeit statt, verwüsten das Königreich des Antichristen und bereiten den Weg für die Wiederkehr Jesu Christi. Die Gerichte der Schalen stellen Gottes Antwort auf die Gebete der Heiligen dar, welche Gott darum bit-

ten, daß er Vergeltung für sie üben möge (Offenbarung 15,1-8). Die Gerichte der Schalen werden in Offenbarung 16 beschrieben.

2. *Die Bewahrung des jüdischen Überrestes* – Die Juden werden in der Mitte der Trübsalszeit fliehen, wenn der Antichrist den Greuel der Verwüstung begehen wird. Diese Juden werden dann offenbar in dem jordanischen Ort Bozra, auch Petra genannt, Zuflucht finden. Durch diese und andere Maßnahmen wird ein Überrest der Juden bewahrt werden:

> Sammeln, (ja,) sammeln will ich dich, ganz Jakob; versammeln, (ja,) versammeln werde ich den Überrest Israels. Ich werde ihn zusammenbringen wie Schafe im Pferch, wie eine Herde mitten auf der Trift, so daß es von Menschen tosen wird (Micha 2,12).

> Dann sollen die in Judäa auf die Berge fliehen (Matthäus 24,16).

> Und die Frau floh in die Wüste, wo sie eine von Gott bereitete Stätte hat, damit man sie dort ernähre 1260 Tage (Offenbarung 12,6).

> Und es wurden der Frau die zwei Flügel des großen Adlers gegeben, damit sie in die Wüste fliege, an ihre Stätte, wo sie ernährt wird eine Zeit und Zeiten und eine halbe Zeit, fern vom Angesicht der Schlange (Offenbarung 12,14).

3. *Die Bekehrung Israels* – Unmittelbar vor der Wiederkehr Christi wird Israel Jesus Christus als den Messias annehmen und von seinen Sünden errettet werden. Dies wird die Juden auf ihre Rolle während des Tausendjährigen Reiches nach der Wiederkehr vorbereiten:

> Aber über das Haus David und über die Bewohnerschaft von Jerusalem gieße ich den Geist der Gnade und des Flehens aus, und sie werden auf mich blicken, den sie durchbohrt haben, und werden über ihn wehklagen, wie man über den einzigen Sohn wehklagt, und werden bitter über ihn weinen, wie man bitter über den Erstgeborenen weint (Sacharja 12,10).
>
> Denn ich will nicht, Brüder, daß euch dieses Geheimnis unbekannt sei, damit ihr nicht euch selbst für klug haltet: Verstockung ist Israel zum Teil widerfahren, bis die Vollzahl der Nationen hineingekommen sein wird; und so wird ganz Israel errettet werden, wie geschrieben steht: Es wird aus Zion der Erretter kommen; er wird die Gottlosigkeiten von Jakob abwenden; und dies ist für sie der Bund von mir; wenn ich ihre Sünden wegnehmen werde (Römer 11,25-27).

Teil 3

Wann wird die Trübsalszeit stattfinden?

12. Hat die Trübsalszeit bereits in der Vergangenheit stattgefunden?

In der Nacht, in der er verraten wurde, sprach Jesus zu seinen Jüngern: »In der Welt habt ihr Bedrängnis; aber seid guten Mutes, ich habe die Welt überwunden« (Johannes 16,33). Mit diesen Worten drückte Jesus aus, daß Not und Bedrängnis eine ständige Realität im Leben derer sein würden, welche ihm während des gegenwärtigen Gemeindezeitalters nachfolgten. Im Laufe der Kirchengeschichte haben christliche Märtyrer die Richtigkeit dieser Worte immer wieder bewiesen.

Die Bedrängnis oder Trübsal während Daniels siebzigster Woche bezieht sich jedoch auf eine vollkommen andere Zeit. Die Bedrängnis des prophetischen Planes Gottes ist wesentlich gößer und verfolgt ein vollkommen anderes Ziel als jene, von welcher Jesus in Johannes 16 sprach. Die zukünftige Trübsalszeit ist nicht mit den alltäglichen Anfechtungen und Kämpfen der Christen im Lauf der Kirchengeschichte zu vergleichen. Hiermit wollen wir jedoch nicht den Schmerz, die Not, das Leid und vielleicht sogar den Tod jener Menschen herunterspielen, die

Christus nachgefolgt sind. Wir wollen damit vielmehr ausdrücken, daß die Zukunft noch eine größere und weiter verbreitete Not mit sich bringen wird, welche schließlich in der siebzigsten Woche gipfeln wird. Auch während des gegenwärtigen Zeitalters wird uns die Welt als Strafe für die Nachfolge Christi mit Not und Bedrängnis begegnen. Die Trübsalszeit ist eine Zeit des Zornes Gottes, die über die Menschen auf der Erde kommen wird, um diese zu erproben (Offenbarung 3,10; 6,15-17).

Einige Ausleger der biblischen Prophetie sind der Meinung, daß die Trübsalszeit bereits in der Vergangenheit stattgefunden habe. Diese Ansicht wird »Präteritismus« genannt (basierend auf dem Lateinischen Wort für »Vergangenheit«) und besagt, daß alle Prophetien bezüglich der Trübsalszeit heute Geschichte sind und bereits während des ersten Jahrhunderts nach Christus erfüllt wurden. Für gewöhnlich wird hier auf die Ereignisse im Zusammenhang mit der Zerstörung Jerusalems im Jahre 70 n.Chr. verwiesen.

Der Präteritismus kann nun jedoch von der Bibel hauptsächlich aus zwei Gründen keine Unterstützung erfahren. Zum einen müssen Präteristen einen ungerechtfertigten allegorischen und interpretativen Ansatz an die Bibel anwenden, wenn sie ihre Auffassung unterstützen wollen, daß die vielfältigen Ereignisse der Trübsalszeit bereits um das Jahr 70 n.Chr. erfüllt wurden. Dies bedeutet, daß zum Beispiel Bibelstellen wie Matthäus 24,30 und Offenbarung 19,11-21, welche gewöhnlich als Hinweise auf die Wiederkehr Christi angesehen werden, nun dahingehend verstanden werden müssen, daß sich diese in Wirklichkeit auf Christi mysteriöse Wiederkehr durch die römische Armee beziehen, welche Jerusalem im Jahr 70 n.Chr. eroberte. Ein derartiger Ansatz geht jedoch über den legitimen hermeneutischen Streitpunkt der figurativen oder normalen Verwendung von Stilfiguren hinaus und begeht den Fehler der Vergeistlichung. Dem Text wird hier eine Bedeutung verliehen, die durch eine wörtliche Auslegung keine Unterstützung erfahren kann.

Ein zweiter größerer Fehler des Präteritismus besteht darin, daß er die Errettung des Volkes Israel mit dem Gericht über dieses verwechselt. Der Präteritismus sieht in jenen Textstellen, die von der Trübsalszeit handeln, wie zum Beispiel Jesu Rede auf dem Ölberg (Matthäus 24; Markus 13; Lukas 17,20-37; 21,5-36) und Offenbarung 4-19, lediglich eine Zeit des Gerichts für Israel. Mit Ausnahme der Textstelle aus Lukas 21,20-24, die sich ganz eindeutig auf das Gericht über Jerusalem im Jahre 70. n.Chr. bezieht, handeln jedoch die restlichen Textstellen davon, daß Gott das Volk Israel durch Jesu Wiederkehr von seinen Feinden befreien wird. Selbst der allegorische Ansatz der Präteritisten an den biblischen Text kann nicht darüber hinwegtäuschen, daß sich jene Textstellen, welche einen Hinweis auf die Trübsalszeit beinhalten, eindeutig darauf beziehen, daß Jesus Israel erretten wird und nicht darauf, daß er Israel richten wird.[17]

13. Befinden wir uns gerade in der Trübsalszeit?

Obwohl zwar die Gläubigen während des gegenwärtigen Gemeindealters Trübsal und Bedrägnis erfahren (Johannes 15,18-25; 16,33; 2. Timotheus 2,12), handelt es sich hierbei nicht um jene Bedrängnis der Trübsalszeit, von welcher der Gemeinde versprochen wurde, daß sie vor dieser bewahrt werden würde (Offenbarung 3,10). Deshalb befinden wir uns auch noch nicht in der Trübsalszeit.

14. Wird die Trübsalszeit in der Zukunft stattfinden?

Gemäß des prophetischen Zeitplanes in Daniel 9,24-27 und 2. Thessalonicher 2 wird die Trübsalszeit nach der Entrückung der Gemeinde stattfinden. Dieses Ereignis, welches sich noch in der Zukunft befindet, wird den gegenwärtigen Intervall zwischen der 69. und 70. Woche Daniels beenden, woraufhin die Trübsalszeit beginnen kann. Dr. Ryrie schreibt über diese Zeit:

> Die Trübsalszeit muß nicht unbedingt an jenem Tag beginnen, an welchem die Gemeinde entrückt werden und dem Herrn in den Wolken begegnen wird. Obwohl ich glaube, daß die Entrückung dem Beginn der Trübsalszeit vorangehen wird, sagt die Bibel doch in Wirklichkeit nichts darüber aus, ob eine gewisse Zeit (oder wieviel Zeit) zwischen der Entrückung und dem Beginn der Trübsalszeit verstreichen wird.
>
> Die Trübsalszeit wird mit der Unterzeichnung eines Bundes zwischen dem Führer der »Vereinten Staaten von Europa« und dem jüdischen Volk beginnen. Dieser Vertrag wird die Ereignisse der siebzigsten Woche (oder sieben Jahre) der Prophetie Daniels ins Rollen bringen. Zwischen den ersten neunundsechzig Wochen zu je sieben Jahren und der letzten oder siebzigsten Woche zu sieben Jahren wird es eine Zeitspanne unbestimmter Dauer geben.[18]

Da bisher noch kein Ereignis der Trübsalszeit eingetreten ist (die Unterzeichnung eines Bundes zwischen dem Antichristen und Israel, die Offenbarwerdung des Antichristen, der Greuel der Verwüstung, das Zeichen des Tieres, usw.), scheint es logisch zu sein, daß die Trübsalszeit in der Zukunft stattfinden wird.

Teil 4

Wie lange dauert die Trübsalszeit?

15. An welcher Stelle lehrt die Bibel eine siebenjährige Trübsalszeit?

Die Annahme, daß die Trübsalszeit einen Zeitraum von sieben Jahren einnehmen wird, basiert auf dem prophetischen Zeitplan in Daniel 9,24-27, und hier vor allem auf Vers 27:

> Und stark machen wird er einen Bund für die Vielen, eine Woche lang; und zur Hälfte der Woche wird er Schlachtopfer und Speisopfer aufhören lassen. Und auf dem Flügel von Greueln (kommt) ein Verwüster, bis festbeschlossene Vernichtung über den Verwüster ausgegossen wird.

Die hier von Daniel beschriebene »Woche« wird von den meisten Prophetieexperten als eine »Jahrwoche« oder sieben Jahre verstanden. Diese Jahre folgen dem Intervall der »sieben Wochen und 62 Wochen« aus Daniel 9,25. In Daniel 9,2 denkt Daniel über die Jahre der babylonischen Gefangenschaft Israels nach. Diese Gefangenschaft war von Jeremia als eine Zeitspanne von 70 Jahren vorhergesagt worden:

> Und dieses ganze Land wird zur Trümmerstätte, zur Wüste werden; und diese Natio-

nen werden dem König von Babel dienen siebzig Jahre lang. Und es wird geschehen, wenn siebzig Jahre voll sind, suche ich am König von Babel und an diesem Volk ihre Schuld heim, spricht der Herr, und am Land der Chaldäer; und ich mache es zu ewigen Einöden (Jeremia 25,11.12).

Denn so spricht der Herr: Erst wenn siebzig Jahre für Babel voll sind, werde ich mich euer annehmen und mein gutes Wort, euch an diesen Ort zurückzubringen, an euch erfüllen (Jeremia 29,10).

Als Daniel über die Worte Jeremias nachdachte und betete (Daniel 9,3-19), erschien ihm der Engel Gabriel und offenbarte ihm den prophetischen Zeitplan, welcher in Daniel 9,24-27 zu finden ist. Das hier verwendete hebräische Wort für »Woche« bedeutet »eine Einheit von sieben«, ohne jedoch genauer anzugeben, ob es sich hierbei um Tage, Monate oder Jahre handelt. In dieser Textstelle paßt jedoch nur »Jahre« in den Zeitplan, da eine Zeitspanne von 490 Tagen oder 490 Monaten historisch gesehen zu kurz wäre. Die 70 Wochen müssen also eine Zeitspanne von 490 Jahren (70 x 7) darstellen. Die siebzigste Woche muß demnach einen Zeitraum von sieben Jahren umfassen. Dr. Walvoord schreibt hierzu:

Das einzige Interpretationssystem, welches dieser Prophetie eine wörtliche Bedeutung verleiht, besteht darin, die Zeiteinheiten, in Anlehnung an den jüdischen Brauch von 360 Tagen mit einem zusätzlichen Monat zur gelegentlichen Korrektur des Kalenders, als prophetische Jahre zu je 360 Tagen anzusehen. Aus den 70 Wochen zu je 7 Jahren ergeben sich also 490 Jahre. Den Anfang dieser Jahre bildet Vers 25, jener Zeitpunkt, »als das Wort erging, Jerusalem wiederherzustellen und zu bauen«, und der Höhepunkt dieser 490 Jahre findet sich später in Vers 27. Bevor Daniel nun die Ereignisse zwischen den neunundsechzigsten sieben Jahren und den letzten sieben Jahren detaillierter beschreibt, zeichnet er in Vers 24 ein allgemeineres Bild. Dem präzisen Charakter dieser wichtigen und grundlegenden Prophetie sollte sorgfältige Beachtung geschenkt werden.[19]

16. Wie passen die Zeitangaben der Offenbarung zur Trübsalszeit?

Im Buch der Offenbarung finden wir eine ganze Reihe von Zeitangaben. Zu diesen gehören:

- eine Zeit und Zeiten und eine halbe Zeit (also 3 $^{1}/_{2}$ Jahre) (Offenbarung 12,14)
- 1260 Tage (Offenbarung 11,3)
- 42 Monate (Offenbarung 11,2; 13,5)

Diese Zeitangaben, von welchen jede einzelne auf eine andere Art und Weise 3 1/2 Jahre bedeutet, spiegeln die zwei Hälften der siebenjährigen Trübsalszeit der siebzigsten Woche aus Daniel 9,24-27 wider.

17. Beziehen sich die Große Trübsal und die Trübsalszeit auf zwei Zeitspannen unterschiedlicher Länge?

Wie wir bereits in der Antwort auf Frage 2 angemerkt haben, bezieht sich die Trübsalszeit auf die gesamten sieben Jahre der siebzigsten Woche Daniels, während die Große Trübsal die zweite Hälfte dieser Zeitspanne von sieben Jahren darstellt. Wir können also davon ausgehen, daß sich die beiden Begriffe auf zwei Zeitspannen unterschiedlicher Länge beziehen.

Teil 5

Wer wird die Trübsalszeit erleben?

18. In welcher Beziehung steht Israel zur Trübsalszeit?

In der Antwort auf Frage 10 haben wir gesehen, daß eines der Hauptziele der Trübsalszeit darin besteht, Israel auf seine Bekehrung vorzubereiten. Deshalb wird Israel als Nation und Volk die

Manifestationen des Bösen während dieser Zeit erleben. Tatsächlich konzentrieren sich auch viele Ereignisse der Trübsalszeit auf Israel. Israel wird sowohl geographisch wie auch geistlich im Zentrum der Trübsalszeit stehen.

19. In welcher Beziehung stehen die Heiden zur Trübsalszeit?

Da die Trübsalszeit weltweite Ausmaße annehmen wird, werden alle Völker oder Nationen von dieser betroffen sein. Genauso wie während der Sintflut zur Zeit Noahs, wird es auch hier kein Entrinnen geben. In der Trübsalszeit werden die Heiden dafür gerichtet werden, daß sie Israel schlecht behandelt haben und Jesus Christus als den Herrn und Erretter der Menschheit abgelehnt haben. Viele Heiden werden jedoch während der Trübsalszeit zum Glauben an Jesus Christus gelangen:

> Nach diesem sah ich: und siehe, eine große Volksmenge, die niemand zählen konnte, aus jeder Nation und aus Stämmen und Völkern und Sprachen, stand vor dem Thron und vor dem Lamm, bekleidet mit weißen Gewändern und Palmen in ihren Händen. Und sie rufen mit lauter Stimme und sagen: Das Heil unserem Gott, der auf dem Thron sitzt, und dem Lamm! (Offenbarung 7,9.10).

20. In welcher Beziehung steht die Gemeinde zur Trübsalszeit?

Vor Beginn der Trübsalszeit wird Jesus Christus in den Wolken erscheinen, und sowohl die toten wie auch die lebenden Gläubigen werden zu ihm entrückt oder »emporgehoben« werden. Die zentrale Textstelle zu dieser Aussage findet sich in 1. Thessalonicher 4,16.17:

> Denn der Herr selbst wird beim Befehlsruf, bei der Stimme eines Erzengels und bei (dem Schall) der Posaune Gottes herabkommen vom Himmel, und die Toten in Christus werden zuerst auferstehen; danach werden wir, die Lebenden, die übrigbleiben, zugleich mit ihnen entrückt werden in Wolken dem Herrn entgegen in die Luft; und so werden wir allezeit beim Herrn sein.

Bei der Entrückung wird die Gemeinde, wie wir sie heute kennen, zum Herrn emporgehoben und deshalb auch die Trübsalszeit auf Erden nicht miterleben. Bestätigungen hierfür finden sich bei Paulus in 1. Thessalonicher und bei Johannes im Buch der Offenbarung. Paulus ermutigt die Christen, »seinen Sohn aus den Himmeln zu erwarten, den er aus den Toten auferweckt hat – Jesus, der uns errettet von dem kommenden Zorn« (1. Thessalonicher 1,10). Paulus beschreibt daraufhin in 1. Thessalonicher 5,1-11 die Trübsalszeit und die damit verbundenen Ereignisse. Er versichert seinen Lesern, daß die Gemeinde diese Zeit nicht erleben wird: »Denn Gott hat uns nicht zum Zorn bestimmt, sondern zum Erlangen des Heils durch unseren Herrn Jesus Christus, der für uns gestorben ist, damit wir, ob wir wachen oder schlafen, zusammen mit ihm leben« (1. Thessalonicher 5,9.10).

Dr. Walvoord faßt diese Textstelle wie folgt zusammen:

> Hierbei handelt es sich um eine kategorische Leugnung der Vorstellung, daß die Gemeinde die Trübsalszeit erleben wird, welche als ein Tag des Zorns beschrieben wird (Offenbarung 6,17). Das gesamte Argument dieses Abschnittes besteht darin, daß Christen den Tag des Herrn nicht erleben werden, daß sie einem anderen Tag angehören, daß sie der Wiederkehr des Herrn entgegensehen und nicht dem Tag des Herrn.
>
> Die bisweilen vertretene Auffassung, daß Christen die Trübsalszeit zwar erleben, während dieser jedoch bewahrt werden und in diesem Sinne den Zorn Gottes nicht erfahren werden, geht an der Aussage dieses Textes vorbei. Hier geht es nicht darum, daß die Christen vor dem Zorn bewahrt werden, was natürlich immer der Fall ist, selbst

> dann, wenn sie den Märtyrertod sterben; sondern es geht vielmehr darum, daß wir eine anderslautende Zusage erhalten haben. Die Kennzeichen des Tages des Zornes, welche im Buch der Offenbarung und den Prophetien bezüglich des Tages des Herrn im Alten Testament niedergelegt sind, enthüllen Formen des göttlichen Gerichts, welche unweiglichlich die gesamte Menschheit betreffen werden. Kriege, Seuchen, Hungersnöte, Erdbeben und vom Himmel fallende Sterne sind von ihrer Natur aus nicht selektiv, sondern deren Auswirkungen betreffen nahezu alle Menschen. Dies entspricht jedoch nicht den Zusagen, die den Christen gegeben wurden. Christen sehen der Wiederkehr des Herrn bei der Entrückung entgegen.[20]

Die Bewahrung vor der Trübsalszeit oder dem »kommenden Zorn« wird von Johannes wiederholt, als dieser die Worte des Herrn wiedergibt: »Weil du das Wort vom Harren auf mich bewahrt hast, werde auch ich dich bewahren vor der Stunde der Versuchung, die über den ganzen Erdkreis kommen wird, um die zu versuchen, die auf der Erde wohnen« (Offenbarung 3,10).

Die Gemeinde als der Leib Christi wird sich während der Trübsalszeit nicht auf der Erde befinden. Dr. Walvoord schreibt hierzu:

Bei einer normalen und wörtlichen Interpretation der biblischen Textstellen, welche sich auf die Trübsalszeit beziehen, bietet das Wesen der Trübsalszeit keine Grundlage für die Vorstellung, daß die Gemeinde, der Leib Christi, die Heiligen dieses gegenwärtigen Zeitalters, gezwungen sein werden, während der Trübsalszeit weiterhin auf der Erde zu verbleiben. Laut der Bibel ist die Trübsalszeit vor allem eine Zeit der Bedrängnis für Jakob (Jeremia 30,7) und fällt mit den letzten sieben Jahren des Planes Gottes für Israel, wie in Daniel 9,24-27 beschrieben, zusammen ... Bezeichnend ist hier auch die Tatsache, daß jene Begriffe, die normalerweise für die Gemeinde verwendet werden und welche diese von den Heiligen vergangener Zeitalter unterscheiden, an keiner der Bibelstellen zu finden sind, die sich auf die Trübsalszeit beziehen ... Die Tatsache, daß diese Textstellen von Israel, Heiligen, geretteten Israeliten und geretteten Heiden sprechen, ist keine Bestätigung dafür, daß die Gemeinde während dieser Zeit anwesend sein wird, da es sich hier um allgemeine und nicht um spezielle Begriffe handelt.[21]

Obwohl die Gemeinde während der Trübsalszeit nicht gegenwärtig sein wird, so wird es doch

Männer und Frauen geben, die Jesus Christus als ihren Herrn und Erretter annehmen werden. Während der Trübsalszeit wird es auf der Erde erlöste Menschen geben. Dr. Walvoord schreibt hierzu:

> Die Erwählten oder Erretteten während der Trübsalszeit setzen sich sowohl aus Juden als auch aus Heiden zusammen, die sich zu Jesus Christus bekehren und daraufhin errettet werden. Während der frühen Phase dieses Zeitraumes zwischen der Entrückung und der Wiederkehr Christi wird eine gewisse religiöse Freiheit existieren, was auch durch die Wiederherstellung der jüdischen Opfer belegt wird. Mit Beginn der Großen Trübsal wird diese Freiheit jedoch abrupt zu Ende gehen, und auch das jüdische Opfer wird ein Ende haben. All jene, welche sich nun weigern, den Weltdiktator als ihren Gott zu verehren und anzubeten, werden verfolgt werden. Sowohl Juden als auch Christen werden das Opfer satanischer Unterdrückung sein, und viele werden den Märtyrertod sterben. Die Erwählten werden bei der Rückkehr Jesu Christi am Ende der Trübsalszeit erlöst werden.[22]

In Offenbarung 6,9-11 lesen wir:

> Und als es das fünfte Siegel öffnete, sah ich unter dem Altar die Seelen derer, die ge-

> schlachtet worden waren um des Wortes Gottes und um des Zeugnisses willen, das sie hatten. Und sie riefen mit lauter Stimme und sprachen: Bis wann, heiliger und wahrhaftiger Herrscher, richtest und rächst du nicht unser Blut an denen, die auf der Erde wohnen? Und es wurde ihnen einem jeden ein weißes Gewand gegeben; und es wurde ihnen gesagt, daß sie noch eine kurze Zeit abwarten sollten, bis auch ihre Mitknechte und ihre Brüder vollendet seien, die ebenso wie sie getötet werden sollten.

Diese Verse beschreiben das Gericht des fünften Siegels und setzen voraus, daß vor diesem Gericht noch bestimmte Ereignisse auf der Erde stattfinden müßten. Aufgrund der Tatsache, daß Vers 9 von Märtyrern spricht, können wir davon ausgehen, daß es sich hierbei um Gläubige handelt, die zu Beginn der Trübsalszeit aufgrund ihres Glaubens umgebracht wurden.

Des weiteren wird es während jener Zeit das in Offenbarung 7,1-8 beschriebene Zeugnis der 144000 Juden geben. Dr. Ryrie schreibt von diesen Menschen:

> Sie sind Juden aus den zwölf Stämmen, und sie erfüllen einen besondern Dienst für Gott. Ob dieses Siegel, mit welchem sie versehen werden (Offenbarung 7,3), nun ein sichtbares Zeichen oder irgendein be-

> sonderes Charakteristikum ist, wird in diesem Text weder erwähnt noch impliziert. Ein Siegel muß nicht immer sichtbar sein, um auch echt zu sein (Epheser 4,30). Prinzipiell handelt es sich bei einem Siegel um eine Garantie des Eigentums und der Sicherheit. Das Siegel, mit welchem diese Menschen hier versehen werden, entspricht beiden Vorstellungen. Die Menschen gehören Gott, was bedeutet, daß sie erlöst sind. Und sie werden von Gott bewahrt werden, was bedeutet, daß er sie vor ihren Feinden auf der Erde beschützen wird, während sie ihren Dienst für ihn erfüllen und beenden.[23]

Nach der Entrückung wird es immer noch Bibeln, christliche Literatur und viele Menschen geben, die das Evangelium vor der Entrückung kannten, sich jedoch noch nicht zu Jesus Christus bekehrt hatten. Dieses Material wird verwendet werden, und viele Ungläubige, die bereits zuvor vom Evangelium gehört hatten, werden nun zum Glauben an Jesus Christus gelangen. Zusätzlich zum Dienst der 144000 wird es also durch dieses Material und diese Menschen während der Trübsalszeit Christen auf der Erde geben. In Offenbarung 14,4 lesen wir, daß die 144000 »aus den Menschen als Erstlingsfrucht für Gott und das Lamm erkauft worden« sind. Hierbei handelt es sich um eine weitere Bestätigung dafür, daß es während dieser Zeit viele neue Gläubige geben wird. Und genauso wie in den ersten Tagen des Glaubens werden auch zu jener Zeit viele Menschen aufgrund ihres Glaubens den Märtyrertod sterben.

Teil 6

Weshalb ist die Trübsalszeit von Bedeutung?

21. Weshalb sollte ich mir Gedanken über die Trübsalszeit machen?

Die Trübsalszeit ist aus mehreren Gründen für heutige Christen von Bedeutung. Erstens ist die Beschäftigung mit dem Wort Gottes stets von Bedeutung und sollte mit größter Sorgfalt erfolgen. Egal, mit welcher Art von Textstellen wir uns beschäftigen, ob es sich hierbei um einen Bund, eine Chronologie, ein Gedicht, ein Gleichnis oder eine Prophetie handelt, sie alle sollten sorgfältig untersucht und angewandt werden. »Alle Schrift ist von Gott eingegeben und nützlich zur Lehre, zur Überführung, zur Zurechtweisung, zur Unterweisung in der Gerechtigkeit, damit der Mensch Gottes richtig sei, für jedes gute Werk ausgerüstet« (2. Timotheus 3,16.17). Die Trübsalszeit ist von Bedeutung, weil die Bibel sie lehrt.

Zweitens ist die Trübsalszeit von Bedeutung, weil Satan hier in einer gewissen Weise demaskiert wird und wir seine tatsächlichen Absichten und Ziele erkennen können. Ein derartiges und sorgfältig angewandtes Verständnis seiner Absichten und Ziele kann heutigen Gläubigen bei ihrem geistlichen Kampf behilflich sein.

Wir erkennen dann zum Beispiel, daß sich Satan während der Trübsalszeit der Religion auf eine falsche und betrügerische Weise bedient, was eine Warnung für heutige Christen darstellt.

Drittens ist die Trübsalszeit von Bedeutung, weil vieles von dem, was wir heute sehen und in der Vergangenheit gesehen haben, ein Vorläufer dessen ist, was noch kommen wird. Die gegenwärtige Tendenz hin zu einer Globalisierung zum Beispiel sollte jene nicht überraschen, die mit den Aussagen der Bibel in bezug auf die Zukunft vertraut sind. Da unser gnädiger Gott solche Ereignisse vorherbestimmt hat, sollten wir in der Tatsache Trost finden, daß er der Herr über alles ist. Diese zukünftige Zeit des Bösen stellt die endgültige Entwicklung der sündigen Natur des Menschen in Verbindung mit Satans rebellischem Plan dar. Dennoch wird über beide das Gericht eines gerechten und allmächtigen Gottes ergehen.

Schlußbemerkung

Die Geschichte der Menschheit ist voll Leid, Verzweiflung und persönlicher, nationaler und internationaler Tragödien. In jedem Jahrhundert, jedem Reich und jedem Zeitalter hat es unzählige Manifestationen der Erbsünde, des Sündenfalls und satanischer Aktivitäten gegeben. Die Passagen biblischer Prophetie (und andere Teile der Bibel) lehren ganz klar, daß die Zukunft eine Zeit noch schrecklicherer Tragödien und noch schlimmeren Leids mit sich bringen wird, in welcher auf der ganzen Welt große Trübsal und enorme Bedrängnis herrschen wird. Diese Zeit wird sieben Jahre lang andauern und nach der Schlacht von Harmagedon schließlich zur Wiederkehr des Herrn Jesus Christus führen, woraufhin er sein Tausendjähriges Reich und seine Herrschaft auf der Erde begründen wird. Wir glauben, daß diese Trübsalszeit der Zerstörung und Verfolgung nach der Entrückung der Gemeinde stattfinden wird. Eine derartige Auffassung befreit heutige Christen jedoch nicht von ihrer täglichen Verantwortung, von Evangelisation, Jüngerschaft oder einer heiligen Lebensführung. Die Trübsalszeit wird mit Sicherheit stattfinden, aber genauso sicher ist auch der letztendliche Sieg Jesu Christi. Bezüglich der Trübsalszeit sollten wir uns keine Gedanken über *jene* Tage machen, sondern vielmehr unser Leben in *diesen* Tagen nutzen. »Kauft die gelegene Zeit aus, denn die Tage sind böse. Darum seid nicht töricht, sondern versteht, was der Wille des Herrn ist« (Epheser 5,16.17).

Anmerkungen

1 Bezüglich einer eingehenderen Behandlung dieser Textstellen siehe auch J. Randall Price, »Old Testament Tribulation Terms«, in *When the Trumpet Sounds,* Hrsg. Thomas Ice und Timothy Demy (Eugene, OR: Harvest House Publishers, 1995), S. 57-84.

2 Eine der lesenswertesten und ausführlichsten Ausarbeitungen zur Chronologie der 70 Wochen findet sich in Harold W. Hoehner, *Chronological Aspects of the Life of Christ* (Grand Rapids: Zondervan Publishing House, 1977), S. 115-139. Eine beliebtere Präsentation findet sich in Herb Vander Lugt, *The Daniel Papers* (Grand Rapids: Radio Bible Class, 1994).

3 Hoehner, *Chronological*, S. 139.

4 Charles H. Dyer, »Jeremiah« in *The Bible Knowledge Commentary: Old Testament*, Hrsg. John F. Walvoord und Roy B. Zuck (Wheaton, IL: Victor Books, 1984), S. 1168.

5 Stanley D. Toussaint, »The Contingency of the Coming of the Kingdom« in *Integrity of Heart, Skillfulness of Hands: Biblical and Leadership Studies in Honor of Donald K. Campbell*, Hrsg. Charles H. Dyer und Roy B. Zuck (Grand Rapids: Baker Book House, 1994), S. 224.

6 Price, »Old Testament Tribulation Terms«, S. 71.

7 Ibid., S. 72.

8 »2 Thessalonians« in *The Expositor's Bible Commentary,* 12 Bände, Hrsg. Robert L. Thomas und Frank Gaebelein, (Grand Rapids: Zondervan, 1978), 11:224-225.

9 Chrarles C. Ryrie, *The Holy Spirit* (Chicago: Moody Press, 1965), S. 108.

10 John F. Walvoord, *The Holy Spirit* (Findlay, OH: Dunham Publishing Co., 1958), S. 229.

11 Ibid., S. 231.

12 Ibid., S. 230.

13 Arnold G. Fruchtenbaum, *The Footsteps of the Messiah: A Study of the Sequence of Prophetic Events* (San Antonio: Ariel Press, 1982), S. 122-126.

14 Ibid., S. 123-124.

15 Ibid., S. 125.

16 Die Reihenfolge der Ereignisse ist entnommen aus Fruchtenbaum, *Footsteps*, S. 135-191.

17 Bezüglich einer ausführlichen Beschäftigung mit diesem Thema sei hier verwiesen auf H. Wayne House und Thomas Ice, *Dominion Theology: Blessing or Curse? An Analysis of Christian Reconstructionism* (Portland: Multnomah Press, 1988), S. 249- 334.

18 Charles C. Ryrie, *Basic Theology* (Wheaton, IL: Victor Books, 1986), S. 465.

19 John F. Walvoord, *Daniel: The Key to Prophetic Revelation* (Chicago: Moody Press, 1971), S. 219-220.

20 John F. Walvoord, *The Church in Prophecy* (Grand Rapids: Zondervan Publishing House, 1964), S. 91.

21 Ibid., S. 129-130.

22 John F. Walvoord, *The Millennial Kingdom* (Findlay, OH: Dunham Publishing Co., 1958), S. 257-258.

23 Ryrie, *Basic Theology*, S. 468.

In dieser Serie sind weiterhin folgende Titel lieferbar:

ab Herbst 97:

Die Wahrheit über:
Das Jahr 2000 und die Wiederkehr Christi
Best.-Nr. 326.810

Die Wahrheit über: Die Entrückung
Best.-Nr. 326.812

Die Wahrheit über:
Jerusalem in der biblischen Prophetie
Best.-Nr. 326.813

ab Frühjahr 98:

Die Wahrheit über:
Das Tausendjährige Reich
Best.-Nr. 326.814

Die Wahrheit über:
Der Antichrist und sein Reich
Best.-Nr. 326.815

Die Wahrheit über: Der letzte Tempel
Best.-Nr. 326.816

Bitte bestellen Sie bei:
Verlag C.M. Fliß
Postfach 610470 • 22424 Hamburg
Fon 040/586492 • Fax 040/583704